«He disfrutad[...] sión de que las cualidades adq[...] sidad, creatividad, obtención y[...] po, son imprescindibles para conseguir una eficaz gestión empresarial.»

NÚRIA BASI – Presidenta de Armand Basi

«Un libro importante para todos los que creen que las personas hacen los resultados. Y fundamental para aquellos que todavía no lo creen. Inspirador y sencillo, como deben ser las acciones de los líderes que quieren crear algo mejor.»

JOSÉ TOVOLI – Partner y Board Member de Great Place to Work®

«Si fuéramos capaces de plantear una forma más noble e inteligente de trabajar seguro que conmoveríamos a nuestros colaboradores. Este es el reto que David Tomás ha hecho suyo en Cyberclick y que ahora ha tenido la generosidad de ponerlo en negro sobre blanco en su libro. Todos estamos llamados a ser parte de la solución de los problemas de nuestro tiempo. Gracias, David, por ser un agente activo de esa mejor sociedad que todos deseamos.»

LUIS HUETE – Profesor de IESE Business School

«David Tomás expresa en este libro, de manera sencilla, la filosofía que aplica en Cyberclick, la cual le ha llevado a recibir el premio de "La mejor empresa para trabajar en España", buscando el compromiso y la identificación del trabajador con la empresa y los proyectos que desarrolla. Demuestra que el buen ambiente de trabajo no está reñido con la productividad y el éxito empresarial, más bien todo lo contrario. Filosofía perfectamente aplicable, en mi opinión, al deporte de alta competición.»

JORGE GARBAJOSA – Ex jugador de baloncesto español

«La primera vez que leí el título pensé que este libro podía ser idealista y poco práctico. Pero la historia de David capturó mi atención y me mostró pasos prácticos para que los líderes puedan combinar la felicidad y la productividad en el trabajo. Esta es una lectura divertida que dará forma a tus decisiones de liderazgo de los próximos años.»

CONOR NEILL – Profesor de Liderazgo, IESE Business School

«Ojalá existieran más Félix en el mundo, el protagonista de esta fábula. Las empresas funcionarían mejor si tuvieran líderes que se parecieran a él. A mi entender, las ideas que hay en el libro son de profundo calado pero de aplicación sencilla y pueden ser muy útiles en el día a día de cualquier organización.»

CARMEN MUR – Presidenta Fundació Somni dels Nens

«Lo que he aprendido durante más de 30 años de experiencia educando emprendedores, es que las compañías que crean felicidad y satisfacción son las que crecen más y tienen un mayor impacto. Este libro describe los ingredientes clave para crear un ambiente de trabajo gratificante para cada individuo de tu equipo.»

VERNE HARNISH
Director General de Gazelles Inc y Fundador Entrepreneurs Organization

«Los personajes de este libro son ficticios, pero las ideas son reales. Vienen de un continuo esfuerzo de David por construir empresas felices y exitosas —en este orden—, y de mejorar así el mundo. Aunque tras leer la historia sólo te quedases con un proverbio de los umeni, habría valido la pena.»

MAREK FODOR – Presidente de Kantox

«Dicen que si una empresa no va bien las personas que trabajan en ella no serán felices. Permítanme afirmar que es justo al revés: las empresas sólo pueden ir bien si las personas que trabajan en ellas son felices y son de verdad parte de la empresa. David Tomás nos lo cuenta de la mejor forma, poniendo a las personas en primer término y nos lo condensa en 11 claves de fácil aplicación.»

MIQUEL CABRÉ – Presidente de Abacus Cooperativa

LA EMPRESA MÁS FELIZ DEL MUNDO

David Tomás

La empresa
más feliz del mundo

Las 11 claves para reinventar tu
profesión y disfrutar del trabajo

 Empresa Activa

Argentina – Chile – Colombia – España
Estados Unidos – México – Perú – Uruguay – Venezuela

A Paloma, Marco y Ainara

1.ª edición Septiembre 2015

ISBN: 978-84-92921-28-7
E-ISBN: 978-84-9944-888-6
Depósito legal: B-14.346-2015

Fotocomposición: Ediciones Urano, S.A.U.
Impreso por: Romanyà-Valls – Verdaguer, 1 – 08786 Capellades (Barcelona)

Impreso en España – *Printed in Spain*

Índice

1
El mensaje

El viejo avión de hélices acababa de elevarse sobre el inmenso manto verde. Con el rostro pegado a la ventanilla, Félix sintió que un vacío se le iba abriendo en el centro del pecho. Iba a echar de menos aquel mundo sencillo y mágico al mismo tiempo, así como a la tribu que por espacio de dos años lo había acogido como a uno de los suyos.

Tras terminar su doctorado en biología, una farmacéutica había financiado su proyecto en el Amazonas. Desde entonces había permanecido allí, analizando en su laboratorio móvil varios centenares de plantas de principios activos desconocidos que los aborígenes utilizaban para paliar toda clase de enfermedades.

Su llegada al mundo de los umeni, la comunidad que vivía en aquella parte casi inaccesible de la selva, no había sido fácil, recordó Félix mientras la aeronave ganaba altura. Al saber de sus intenciones por medio del único miembro que conocía su idioma, lo habían hecho esperar en las afueras de la aldea mientras la tribu parlamentaba en un círculo. Terminada esta reunión, había sido invitado a presentarse ante cada uno de los miembros.

—Solo quedamos veinte umeni en el mundo —le había dicho el traductor, que también ejercía de portavoz—, y para las cosas que nos afectan a todos actuamos como uno solo.

A continuación, le había explicado que cada niño que nacía era considerado un regalo del cielo, pero que la llegada de cualquier ser humano de fuera debía ser consensuada por todos. Puesto que cada nuevo miembro cambiaba la vida de toda la comunidad, todos debían estar de acuerdo en que aquello era bueno para la tribu. Si alguno opinaba lo contrario, aunque fuera un niño, se escuchaban sus razones y el círculo volvía a debatir la cuestión.

Sentado bajo un árbol de tronco imponente, Félix había visto ponerse y salir el sol hasta que al fin el portavoz regresó con la buena noticia: había sido aceptado y, desde aquel día y hasta que decidiera marcharse, sería tratado como un umeni más.

Una azafata de tez oscura le distrajo de aquellos recuerdos que ya le envolvían de nostalgia. Le entregó una bandeja con un brik de zumo de naranja y un tentempié. Aquel ritual moderno que había sido cotidiano años atrás, cuando él viajaba con frecuencia para asistir a congresos, le devolvió de bruces a la situación que le había obligado a abandonar aquel mundo tan amigable en plena naturaleza.

Félix sacó de su macuto los dos sobres que, con gran dificultad, un emisario de correos había logrado llevar hasta la recóndita aldea. En el primero era informado sobre la muerte súbita de su padre, con quien apenas había tenido relación desde que este se casara de nuevo con una mujer a la que le doblaba la edad. El segundo sobre contenía una carta personal de Simón, el administrador de las cuentas del difunto. Recordaba a aquel hombre antes del divorcio de sus padres, era muy amigo de hacer bromas y siempre le traía juguetes antiguos para su colección.

Al desplegar el papel impreso Félix calculó que hacía quince años que no le veía. Tras beber un poco de zumo de naranja, respiró hondo mientras leía aquella misiva escrita en un lenguaje frío y formal, a pesar de referirse a él por el nombre de pila.

Estimado Félix:

Creo que estás ya al corriente del repentino fallecimiento de tu padre, y te presento mis más sentidas condolencias antes que nada.

En la universidad me dijeron que vives en una aldea sin cobertura telefónica, algo admirable en los tiempos que corren.

Por eso me he decidido a mandarte estas cartas a través del servicio urgente de correos. Espero que lleguen a su destino antes de que sea demasiado tarde.

Sé que en los últimos años el contacto con tu padre ha sido más bien escaso pero, como único heredero en su testamento, tengo la obligación de ponerte al corriente de la situación.

Tu padre sufrió problemas financieros en los últimos tiempos, lo cual le obligó a vender su casa y a hipotecar los dos locales donde aún existen las librerías que ahora están en peligro de cierre.

Dado que la segunda esposa de tu padre murió hace un año, necesito de tu presencia y autorización para liquidar el negocio de la forma más ordenada posible, a no ser que dispongas otra cosa.

Espero noticias tuyas cuanto antes.

Atentamente,

SIMÓN

Releyó un par de veces esa carta con la ansiedad de quien debe afrontar una misión que tal vez supere sus fuerzas. Tras respirar hondo, sacó de su macuto una de las libretas de las que había comprado en Manaos para tomar notas de campo y que aún no había empezado. Le serviría para anotar sus claves a lo largo de aquel desafío que acababa de dar comienzo.

2
Capitán Flint

Félix descansó del largo viaje en un hotel, puesto que al marcharse de la ciudad había dejado también su piso de alquiler. Luego buscó la dirección de la librería principal de su padre y se encaminó a ella. Estaba situada en la avenida más comercial del centro, pero había pasado tanto tiempo desde la última vez que la había visitado que tuvo que avanzar y retroceder varias veces hasta dar con el rótulo «CAPITÁN FLINT». De las doce letras, cuatro tenían la luz fundida.

Alejados desde hacía demasiado tiempo, Félix pensó apenado que no le había preguntado jamás a su padre por qué la había bautizado así. Tras empujar la pesada puerta de cristal, el heredero de aquel negocio sintió que penetraba en un tanatorio. El silencio era absoluto. En aquel momento no había un solo cliente, y los empleados se movían con extremada lentitud por un espacio que superaba los mil metros cuadrados. Detrás del mostrador de caja, una mujer entrada en años repasaba con expresión adusta un pliego de albaranes. Un hombre escuálido empujaba un carrito y se iba deteniendo por las distintas secciones; tras consultar un listado que llevaba en la mano, retiraba libros de las estanterías o bien introducía otros. Luego proseguía su avance cansino. El tercer empleado que avistó con sus ojos de bió-

13

logo, como si fuera una ave exótica, era un joven de melena rizada. Se encontraba en un mostrador circular de atención al cliente. En aquel momento, estaba absorto tecleando en su *smartphone*.

De repente, Félix tomó conciencia de que nadie sabía quién era él y eso le dio una idea. Se haría pasar por un cliente para saber cómo funcionaba la librería de su padre. Tras asomarse a la tarima del melenudo, necesitó un buen rato para que él se diera cuenta de su presencia. Entonces levantó la mirada pesadamente de su móvil y le miró con expresión cansada.

—Buenos días —dijo Félix.

El encargado de atender a los clientes se limitó a dirigirle una mirada interrogativa y no muy amigable, como si hubiera sido molestado en medio de algo importante.

—Perdone, antes de nada... ¿Quién era el Capitán Flint que da nombre a la librería?

—Así se llama el loro de *La isla del tesoro* —contestó con fastidio—. ¿Desea algo más?

—*La isla del tesoro*, ¡claro! —exclamó interpretando el papel de cliente que se confía al librero—. Fue el primer libro que me leyó mi padre. Es increíble que haya olvidado el nombre del loro... Me encantaría volver a leer esa novela. ¿Qué ediciones hay?

El empleado apartó su móvil de la mesa y empezó a teclear con desidia. Sus ojos verdes resiguieron un listado que aparecía en la pantalla. Finalmente declaró:

—Lo siento, pero ahora mismo no lo tenemos.

Sorprendido, Félix miró un instante a su alrededor. En aquella librería gigantesca debía de haber al menos diez mil títulos distintos. Al devolver su atención al empleado, vio que este volvía a estar trasteando en su *smartphone*.

—¿Cómo es posible que en una librería que se llama Capitán Flint no haya un solo ejemplar de *La isla del tesoro*?

El joven encogió los hombros como toda respuesta.

3

John Silver

Tras aquella exploración sobre el terreno, Félix decidió echar una ojeada a la segunda librería de su padre por pura curiosidad.

Mientras viajaba en metro hacia el barrio periférico donde estaba, se dijo que no necesitaba preguntar por qué se llamaba *John Silver*. Era el pirata de *La isla del tesoro* y su padre siempre había sentido fascinación por la novela de Stevenson. Hasta los ocho años, cada noche le había contado un episodio de aquella aventura fantástica llena de personajes fascinantes. Aquellos recuerdos infantiles hicieron que emergiera de la boca del metro con los ojos humedecidos. Siguiendo las indicaciones de un anciano que paseaba a su perro, enfiló una calle empinada hasta dar con el pequeño establecimiento.

La librería del pirata ocupaba unos bajos de no más de 80 metros cuadrados, pero transmitía una agradable calidez. El suelo de madera crujió bajo sus pies mientras contemplaba aquel caos donde parecía imposible encontrar ningún libro.

Fuera de unas pocas estanterías, los volúmenes se amontonaban sin orden ni concierto en unas grandes mesas. Media docena de clientes merodeaban alrededor de aquellas montañas, como exploradores en busca de oro oculto. Una suave música de jazz sonaba en el ambiente. Admirado de que las dos librerías de su padre pudieran ser tan diferentes, buscó con la mirada a la persona que trabajaba allí. A primera vista divisó un hombre rollizo con camisa de cuadros que parecía atender un pedido por teléfono.

Detrás de un minúsculo mostrador, una chica con gafas de pasta leía un ejemplar de *Lolita* de Nabokov. Enseguida detectó su llegada y puso un lápiz como punto en el libro. Luego le sonrió abiertamente y le tuteó:

—¿Buscas algo especial?

—Sí, *La isla del tesoro*. ¿Puedes mirar en el ordenador si os queda algún ejemplar?

—No tenemos un archivo digital con todos nuestros libros —reconoció un poco ruborizada—. Solo usamos el ordenador para rastrear los títulos que nos piden cuando no los tenemos.

Félix se giró un instante hacia las mesas desbordadas de libros, y luego preguntó:

—Pero… ¿encontráis algo en medio de este caos?

—Aunque parezca imposible, sabemos dónde está cada libro. El que tú buscas se encuentra en la mesa más cerca de la ventana, en la segunda pila contando desde allí. Tiene el lomo gris.

Sin salir de su asombro, Félix se dirigió hacia el lugar que le había indicado la librera. No tardó en dar con el volumen, que tomó en su mano con una extraña emoción. La portada mostraba a tres piratas en actitud de combate. Uno de ellos sostenía dos pistolas de percusión y el otro un sable, mientras un tercero izaba la bandera negra con la calavera detrás de ellos.

Cuando llegó a caja con aquel hallazgo, la lectora de *Lolita* ya había extendido sobre el mostrador un papel vegetal para envolver el libro. Félix observó con atención cómo sus manos hábiles empaquetaban el volumen, que quedó sellado con una etiqueta de «JOHN SILVER» que no podía ser más oportuna.

Una vez pagado el libro, cuando se disponía ya a marcharse, la dependienta le dijo:

—Por cierto, siento mucho lo de tu padre.

Tras quedarse pasmado un par de segundos, finalmente le preguntó:

—¿Cómo has sabido que yo soy...?

—Eres igual que él —dijo ella con timidez— y tenéis los mismos gestos.

1ª CLAVE

*Para lograr la felicidad en una compañía,
necesitamos el valor de formularnos la pregunta:
¿qué podemos hacer para ser una empresa más feliz?*

Hacernos buenas preguntas es un paso esencial para descubrir lo que se puede mejorar y lo que cada persona puede aportar para alcanzar la excelencia y la máxima satisfacción en su trabajo. Muchas empresas cometen repetidamente los mismos errores porque no se atreven a pararse a pensar, de modo que sus miembros puedan cuestionarse si esa es la mejor manera de trabajar.

Saber preguntar es el primer paso para descubrir lo que necesitamos poner en marcha para lograr resultados nuevos e ilusionantes.

Si alguien se aburre en su trabajo, por ejemplo, debería preguntarse por qué se aburre, qué podría hacer para cambiar eso, o qué otra ocupación puede motivarle para dar lo mejor de sí mismo y sentirse realizado.

Hay que preguntarse sin miedo y atreverse a buscar la respuesta. Una empresa y una persona felices se hacen muchas preguntas y gracias a ellas son capaces de encontrar su felicidad.

PARA Y DECIDE SER FELIZ

4

El informe de Simón

Tras visitar las dos librerías, Félix comió en un restaurante sencillo y se quedó un rato más en la barra. Tenía que hacer tiempo hasta las cuatro. A esa hora, el hombre de confianza de su padre le había citado para ponerle al corriente de la situación financiera de la empresa.

Su trabajo en el Amazonas le había procurado grandes satisfacciones como biólogo, pero no contaba con ahorros para hacer frente a las deudas acumuladas de aquellos negocios que acababa de visitar, pensó preocupado.

Para relajarse, mientras tomaba un té verde, leyó el inicio de la novela que había comprado en John Silver. Le sorprendió no recordar una sola palabra de aquel texto, solo la canción sobre la botella de ron. Eso le llevó a pensar que su padre le había contado aquella novela a su manera para que su mente infantil lo entendiera. Con un nuevo aguijonazo de nostalgia, pagó y se apresuró hacia su cita con el gestor, que tenía su despacho en el piso principal de un vetusto edificio de oficinas.

El timbre sonó de forma estridente, como los de la época de sus abuelos. Segundos más tarde, la puerta maciza se abrió lentamente y Félix se sintió transportado a los días de su niñez. Simón era casi idéntico a como lo recordaba. Ya

21

LA EMPRESA MÁS FELIZ DEL MUNDO

era calvo entonces y ahora sus escasos cabellos eran totalmente blancos, pero su expresión astuta y el brillo de sus ojos no habían cambiado.

Lo saludó con dos golpecitos en la espalda mientras le mostraba el camino a su despacho. Parecía sinceramente contento de verle, pensó Félix, quien se sentó frente a él como si no hubiera pasado el tiempo. Sobre la mesa de caoba, un globo terráqueo y una pluma en su soporte le hicieron pensar en la consulta de un médico de los de antes. Y, ciertamente, Félix estaba allí para conocer la salud de un paciente que estaba muriendo.

Tras contarle algunos detalles sobre los últimos días de su padre, Simón se aclaró la voz y fue directamente al grano:

—La situación es desesperada. Año tras año las librerías han ido acumulando pérdidas que se iban cubriendo con el patrimonio de tu padre. A día de hoy, ya no hay nada más que vender. La póliza de crédito llega para pagar alquileres y sueldos hasta la campaña de Navidad, siendo optimistas, pero quizá sería mejor liquidarlo todo antes.

Félix tragó saliva. Llevaba años dedicado a una ciencia que seguía determinados protocolos en el laboratorio, pero no tenía ninguna referencia a seguir para las librerías. Aquella situación le superaba, sin embargo, no quería tomar decisiones sin tener antes una visión general. Todo lo que tenía era el método científico y la humanidad que le habían enseñado los umeni.

Miró el calendario de su reloj: martes, 14 de octubre. Si la línea de crédito les permitía llegar hasta Navidad, disponía de tres meses escasos.

—Esta mañana he estado en las dos librerías —dijo entonces—, y me ha parecido que en John Silver hay bastante actividad, mientras que la de Capitán Flint es un desierto...

—Has visto bien. De hecho, pese a ser muy pequeña y estar mal situada, la John Silver apenas tiene pérdidas. Las deudas con proveedores vienen principalmente de Capitán Flint, que es la que debería funcionar bien por su ubicación. Es todo un sinsentido...

Félix meditó un instante antes de preguntar:

—¿Por qué le puso mi padre el nombre de un loro?

—Eso tiene su secreto... —dijo Simón con una sonrisa pícara—. De hecho, el loro de la novela lleva ese nombre en honor al capitán Jonathan Flint, el temible pirata que enterró su tesoro. Es la razón de ser de toda la obra.

—Quizá mi padre pensó que esa librería sería una mina de oro... —pensó Félix en voz alta—. Y supongo que la otra se llama John Silver porque tiene el caos y la bohemia de una taberna de piratas.

—Tal vez... Tu padre tampoco era muy hablador, ya lo sabes. Bueno, el caso es que hay que actuar ya mismo, porque la nave se está hundiendo.

—Antes de que eso suceda, para decidir qué rumbo tomamos necesito conocer a la tripulación.

El gestor tosió mientras bajaba de una estantería una carpeta que acumulaba polvo desde tiempos inmemoriales. La dejó caer con estrépito sobre la mesa y declaró:

—Eso está hecho.

5

La tripulación

Simón se extendió largamente sobre el personal de John Silver, el primer establecimiento que había abierto su padre. La pequeña nave era tripulada con pericia por solo dos marineros, Augusto y Elena.

—Él ejerce las labores más pesadas y administrativas. Recibe pedidos, hace devoluciones y lleva el inventario de ese caos donde ellos dicen que hay un orden.

—Sin que el local pierda su encanto bohemio, sin duda se podría organizar mejor... —opinó Félix—. ¿Qué hay de la chica?

—Elena es licenciada en filología inglesa y es un archivo con piernas. Cuando le consultan un título, casi siempre conoce el autor y la editorial. Sabe incluso si está descatalogado y si se puede conseguir de algún modo. Es una apasionada de la lectura, algo que a tu padre le enervaba bastante.

—¿Por qué?

—No le gustaba que leyera en horas de trabajo, aunque ella luego no tiene problema en alargar su jornada organizando clubs de lectura.

—Eso es predicar con el ejemplo —la defendió Félix—. Recuerdo que en mi última visita a París estuve en la que quizá sea la librería más famosa del mundo: Shakespeare &

Co. Cuando no eran requeridos por los clientes, allí todos los libreros leían, lo cual transmitía un mensaje muy atractivo a los que entraban.

—¿Qué mensaje?

Simón parecía sorprendido por los argumentos de aquel joven con el que había jugado al parchís en su último encuentro.

—El mensaje es que aman los libros y, por lo tanto, aman su trabajo. A la gente le gusta ir a restaurantes donde el cocinero adora su oficio. En cambio, evitamos aquellos lugares en los que trabaja gente que parece que está ahí de paso, sin ninguna clase de implicación.

—Parece que me hables de Capitán Flint... —dijo el gerente.

—En esa librería hay mucho orden, pero falta alma. Mi experiencia como cliente fue muy decepcionante, cosa que no sucedió en John Silver.

—Te entiendo... Y la verdad es que no sé darte razones por las que eso sucede, ya que el equipo es bien válido. La cajera, Gertrudis, lleva treinta años trabajando en librerías. No hay un solo detalle de gestión que se le escape... Aunque, ciertamente, hay bien poco que gestionar últimamente —Simón se acarició la barbilla mientras concluía—. Igual es la propia decadencia del negocio lo que la ha desmotivado.

—¿Y el tipo del pelo rizado? No parece un apasionado de la atención al cliente, precisamente.

—Se llama Jonathan. Creo que acaba de salir de una larga depresión. En otra empresa, ya habría sido despedido. Tu padre tenía muchos defectos, pero cuidaba del personal como si fueran sus hijos.

Simón se interrumpió inmediatamente tras decir esto. Félix le indicó con la mano que siguiera. No había vuelto a la civilización para juzgar a su padre.

—Hay dos personas más que trabajan en Capitán Flint de forma fija. El resto son eventuales que vienen como refuerzo para la campaña de Navidad. Tenemos a Pedro, que controla las existencias y va reponiendo los ejemplares en las estanterías.

—Sí, ya lo vi. ¿Quién más hay?

—Natalia. Tiene 30 años y se va paseando por la librería para consultas que puedan surgir en cualquier sección. Si no la viste es porque estaba en el almacén.

Félix no pidió informes sobre ella. Prefería contar con sus propias impresiones cuando volviera a la librería. Antes de adoptar cualquier medida, había decidido que al día siguiente se presentaría en Capitán Flint como quien era. Necesitaba conocer de boca de la propia tripulación qué sucedía allí.

Simón lo sacó de sus pensamientos.

—Supongo que quieres ver los números de ese gran desastre. Agárrate a la silla y no te asustes…

2ª CLAVE

*El activo más valioso de una empresa es la energía
que aporta la gente que trabaja en ella.*

La calidad de cualquier compañía depende del espíritu de las personas que la conforman. Empresas como 3M y Google reservan parte del horario laboral al pensamiento creativo de los empleados, para que desarrollen nuevos proyectos siguiendo su inspiración.

Tomar conciencia del poder creativo de cada persona que compone una empresa, también si se trata de un profesional independiente que trabaja para sí mismo, nos permite transformar un mero lugar de trabajo en la empresa más feliz del mundo.

Compartir libros y lecturas en el equipo es otra manera de unir energías e inspirarnos juntos. Tal como decía Walt Disney: «Hay más tesoros en los libros que en todo el botín pirata de *La isla del tesoro*».

CUIDA TU ENERGÍA

6

La primera reunión

Los cuatro empleados de Capitán Flint miraban al heredero del negocio sin ocultar su inquietud. Había colocado cinco sillas en círculo al fondo del enorme local, en un espacio donde hacía tiempo que no se organizaba ninguna presentación de libro.

Su alma de naturalista hizo que Félix intentara captar en un primer vistazo lo que revelaba la expresión de cada uno.

El que parecía más asustado era Jonathan, que había reconocido de inmediato al cliente que había pedido sin éxito *La isla del tesoro*.

Gertrudis transmitía una tensa autosuficiencia. Su mirada detrás de las gruesas gafas le decía algo así: «Llevo treinta años en un negocio del que tú no tienes ni idea, aunque seas el hijo del fundador».

Pedro rondaba los cincuenta años y esperaba el inicio de la reunión con la cabeza baja, como un buey que espera ser decapitado.

En contraste con él, Natalia movía el pie nerviosa y se pasaba la mano por el pelo, como esperando el momento de defender su puesto en la librería. Su cuerpo rotundo y la mirada de determinación revelaban que era una mujer de carácter.

Antes de iniciar la reunión, Félix pensó que qué distinto era aquel círculo del de los umeni. La tribu hacía de cada reunión un motivo de celebración. El círculo significaba para ellos unión, familiaridad, buen humor, un lugar para aportar ideas, estrechar lazos, compartir... En aquella asamblea, en cambio, los empleados de la Capitán Flint parecían estar esperando el juicio final.

Tras presentarse con brevedad y darles las gracias por su atención, Félix decidió utilizar un recurso que los umeni utilizaban para mejorar cualquier aspecto de la aldea.

—Antes de hablar de la situación general de la librería, me gustaría que cada uno de vosotros dijera una cosa que funciona y le hace feliz, y otra que no funciona en su puesto.

Pedro abrió mucho los ojos y tensó su cuerpo escuálido, como una gacela tratando de evitar caer en una trampa. La primera en intervenir fue Natalia, que tenía una voz diáfana como la de una locutora de radio:

—Yo trabajo por toda la librería y puedo decir que el espacio es magnífico, pero las secciones están mal organizadas. En la de novela, por ejemplo, si el cliente no sabe la nacionalidad del autor, nunca podrá encontrar el libro sin ayuda, porque está ordenado por lenguas de origen. Eso me parece absurdo.

—Sin duda, lo cambiaremos entre todos —dijo Félix—. Ahora tú, Jonathan.

El joven del pelo rizado tragó saliva antes de decir:

—El mostrador de atención al cliente es amplio y está en el centro de la librería. El programa informático que controla el *stock* es rápido y efectivo. Lo que no ha funcionado hasta ahora… soy yo. Debo reconocer que no estoy pasando por mi mejor momento.

Sus tres compañeros se quedaron pasmados ante aquella muestra de honestidad, que fue inmediatamente respondida por Félix:

—Hay días que yo tampoco funciono, pero vamos a crear las circunstancias adecuadas para cambiar eso.

—¿Fuera de aquí, quiere decir? —preguntó Jonathan, que ya se veía despedido.

—Estamos en Capitán Flint, chicos. Esta es nuestra nave. Lo que suceda en otros mares no es de mi incumbencia.

Animado por el extraño rumbo que estaba tomando la reunión, Pedro se atrevió a decir:

—Me tomo mi trabajo muy en serio, pero resulta monótono estar ocho horas empujando un carrito con un listado impreso en la mano.

—Buscaremos soluciones. Esto no es una cadena de montaje, amigos. Aquí vendemos libros, es decir, el alma de los autores. Hemos de saber transmitir eso si queremos que los clientes vengan.

—Me has quitado la palabra de la boca, Félix —dijo Gertrudis con sequedad—. Lo positivo de mi trabajo es que lo llevo totalmente al día. Lo negativo es que no hay clientes.

—¿Y qué piensas hacer para cambiar eso?

La cajera se quedó sorprendida ante esta pregunta. Antes de que pudiera salir con cualquier excusa, Félix añadió:

—Primer aviso para navegantes: a partir de ahora, todo lo que suceda en esta librería depende de nosotros. Hemos tomado el mando de la nave y somos responsables de nuestro rumbo. Nunca más culparemos a los agentes externos de lo que vaya mal.

—Pero el sector está en crisis... —dijo Pedro—. Las estadísticas dicen que cada vez hay menos gente que compra libros.

—Me interesan más las personas que las estadísticas. La librería Capitán Flint aún puede ser un éxito si nos apasionamos por lo que hacemos y ofrecemos algo único a nuestros clientes olvidándonos de la crisis.

Tras esta declaración de principios, Félix se dio cuenta de que, sin haberlo previsto, acababa de salvar la vida de la librería. Al menos de momento.

7

El test binario

De regreso al hotel, Félix se sentó en el pequeño escritorio de la habitación con un folio en blanco y un bolígrafo. Se disponía a analizar de la forma más sencilla y científica lo que había visto en las dos librerías, así como su primera reunión en la Capitán Flint.

A su llegada al Amazonas, le había asombrado cómo los umeni calificaban cualquier cosa que afectaba a la tribu en NOS HACE FELICES o NO NOS HACE FELICES. En el primer caso, fomentaban aquella actitud o mejora para el bien común. En el segundo, lo eliminaban o sustituían por otra cosa que sí fuera útil y beneficiosa para la comunidad. Era así de sencillo y ahora Félix se preguntaba si sería capaz de aplicar aquel test binario al negocio en crisis de su padre.

Sin más demora, en una cara del folio escribió el nombre de la librería principal y a continuación anotó lo que NO funcionaba y lo que SÍ.

CAPITÁN FLINT

Lo que NO nos hace felices:

- NO hay clientes.
- NO hay buena atención al cliente (cuando aparece alguno).
- NO hay unos valores predefinidos en la empresa.
- NO hay motivación en los empleados.
- NO hay innovación (todo se hace siempre igual, aunque no funcione).
- NO hay dinamismo.
- NO hay retos de futuro.

«Nota» final: muchos días nos dejamos nuestra pasión en casa.

Lo que SÍ nos hace felices:

- SÍ hay orden en el *stock* y en el modo de gestionarlo.
- SÍ hay mercancía suficiente para satisfacer a los clientes (aunque no hay ningún ejemplar de *La isla del tesoro*).
- SÍ hay espacio suficiente (los clientes pueden pasear cómodamente por los mil metros cuadrados).
- SÍ tienen una buena formación los empleados (aunque eso no significa que aprovechen sus habilidades).

Hecho esto, antes de sacar ninguna conclusión, aplicó el mismo test a la librería pequeña:

JOHN SILVER

Lo que NO nos hace felices:

- NO hay espacio suficiente para toda la mercadería que se ofrece.
- NO hay orden en la colocación de los títulos (la librería es un caos y el cliente no puede encontrar nada sin la ayuda de los empleados).
- NO hay un archivo donde buscar lo que piden los clientes.

Lo que SÍ nos hace felices:

- SÍ hay una clientela formada (y parecen estar muy a gusto en este espacio).
- SÍ hay buena atención al cliente.
- SÍ hay pasión en los dos empleados (el mensaje que transmiten es que aman su trabajo).
- SÍ predican con el ejemplo (leyendo libros).
- SÍ tienen conocimiento *(know how)* de lo que venden (Elena parece saberlo todo sobre las ediciones que hay en el mercado).
- SÍ hay dinamismo (dos veces al mes, un club de lectura ocupa el espacio de media librería).

Terminado su análisis, Félix desvió la mirada a la ventana. El cielo se había encapotado y amenazaba lluvia. Antes de que necesitara hacerse con un paraguas, salió del hotel y se dirigió a la John Silver para sacar provecho de aquel análisis.

8

El balance

Antes de entrar en la librería del pirata, Félix se detuvo en una pastelería que estaba en la misma calle estrecha y empinada. Pidió una docena de cruasanes pequeños y tres zumos de naranja para llevar.

Con aquella merienda improvisada en una bolsa de papel, entró en la John Silver a las ocho y veinte de la tarde. Faltaban solo diez minutos para cerrar, pero aún había media docena de clientes merodeando entre las mesas a rebosar de libros. Félix dejó la bolsa en la repisa de una ventana y se dedicó, como el resto de clientes, a curiosear entre las pilas a la busca de algún tesoro para leer. Un hilo musical con canciones de Ella Fitzgerald aportaba al pequeño espacio una agradable calidez.

Cuando Augusto y Elena hubieron despedido a los últimos clientes, que acabaron llevándose uno o dos libros cada uno, el mismo Félix se encargó de cerrar la puerta con pestillo y comentó:

—Hay aquí una actividad envidiable. Ahora vamos a sentarnos a merendar algo ligero mientras os comento el resultado de un test que hice después de la primera visita a la librería.

Elena se ajustó las gafas y le miró con curiosidad, mientras Augusto iba a por tres sillas plegables de las que usaban para los clubs de lectura. Las situó al lado de la ventana y puso una mesita para los cruasanes y los zumos.

Una vez sentados, Félix sorbió un poco de zumo de naranja y empezó:

—Antes de nada, os quiero dar las gracias por vuestro buen hacer. Con sus limitaciones y carencias, esta librería tiene alma y se nota que los clientes se sienten aquí como en casa.

—Así es... —sonrió Elena—. De hecho, algunos pasan más tiempo aquí que en su propia casa.

Augusto le dirigió una mirada cómplice mientras se mesaba la barba. Sin duda, los dos sabían a quién se estaban refiriendo.

—Hay muchos valores en esta librería que merecen ser potenciados, pero como las cosas que no funcionan son pocas, empezaré por aquí. Por ejemplo, a primera vista da la impresión de que no hay espacio suficiente para exponer tantos libros.

—Nos gusta estar bien surtidos —justificó Augusto—. Y nuestro cliente parece encontrar placer en revolver las mesas. Por eso, por muy llenas que estén, cada día voy poniendo las novedades que llegan.

—¿Y hay algún orden o tema determinado en cada mesa?

—En principio, cada mesa es temática: novela, ensayos, libros de viajes, literatura juvenil... Pero, en la práctica, los clientes cambian las obras de lugar.

—Si no conociéramos cada libro como un pastor a sus ovejas —añadió Elena—, sería imposible encontrarlos de nuevo.

Félix engulló un cruasán y se quedó pensando un instante antes de decir:

—Tiene su encanto este caos... Le da un ambiente romántico a la librería. Pero, sin duda, os hace perder mucho tiempo. Cada vez que un cliente pide un libro es como encontrar una estrella en el firmamento. —Félix se pasó la mano por la barbilla y preguntó—: ¿Qué pasa cuando son dos o tres los clientes que están pidiendo títulos?

—Tienen que esperar un poco —respondió Elena—, pero somos rápidos.

—De eso no tengo duda, pero sería mucho más práctico si los pudieran encontrar ellos mismos... Así vosotros podríais centraros en lo que mejor sabéis hacer: recomendar buenas lecturas.

Félix se levantó, mientras acababa de hilvanar sus pensamientos, y concluyó:

—Todo lo bueno que hay aquí, que es mucho, lo potenciaremos. Pero vamos a buscar una manera más racional de colocar todos estos libros, con algunas estanterías extra, y crearemos una base de datos que todo el mundo pueda consultar para saber lo que hay aquí. Será accesible por Internet para que el cliente pueda recibir el libro en casa, comprar la versión digital con nuestra valoración en *podcast* o venir a buscarlo y escuchar de primera mano cómo es la experiencia de este libro.

—¡Fantástica idea! —dijo Augusto poniéndose también de pie—. Podemos ponernos manos a la obra ahora mismo.

—No es necesario —replicó Félix, y para asombro de ambos añadió—: De hecho, lo que acabo de proponer no lo haréis vosotros. Mañana será el último día que trabajaréis aquí.

Hacer las cosas simples nos ayuda a ser una empresa feliz.

Poner nuestra energía en aquello que sabemos hacer mejor y no distraer nuestra atención en tareas secundarias son maneras de aplicar el «menos es más», un lema muy valioso para cualquier empresa o también si se trata de un proyecto personal.

En el grupo, eliminar la burocracia y las jerarquías, por ejemplo, es una forma de simplificar el rumbo de la empresa, de modo que todo el mundo pueda aportar lo mejor de sí mismo sin necesidad de pasar por filtros intermedios. En lugar de un JEFE hay un «GEFE», el GEstor de la FElicidad en la compañía.

Por eso, en la empresa más feliz del mundo no se habla de cargos intermedios, sino de personas que reman juntas en una misma dirección, sumando cada una sus mejores ideas y talentos. Si nos cuesta explicar lo que queremos hacer, dando demasiados rodeos, tal vez no sea tan buena idea. Lo sencillo es bello, y lo bello nos hace felices.

En la empresa feliz, la tecnología juega a nuestro favor para hacernos más libres y escogemos el camino más simple para tomar decisiones.

SIMPLIFICA

9

El golpe de efecto

La mañana siguiente era viernes y Félix se dirigió a la Capitán Flint para terminar el balance. Encontró a los cuatro empleados ya en plena actividad, aunque a aquella hora temprana aún no había ningún cliente en la librería.

Armado con una bolsa de cruasanes y una bandeja con cinco cafés con leche de un bar de la avenida montó, con ayuda de Natalia, la mesa de reunión en el mismo lugar del día anterior.

Cuando todos estuvieron sentados, Félix expuso sus conclusiones sobre el resultado del test binario:

—Empezaré resumiendo lo positivo: hay muchos títulos, aunque falte alguno importante, y espacio suficiente para que los clientes puedan pasearse de forma agradable entre los libros —hizo una pausa para luego añadir—: Y vosotros tenéis la formación y experiencia adecuadas para atender a cualquier lector, por exigente que sea.

Jonathan se encogió de hombros, consciente de que en su primer contacto con su jefe, cuando no sabía quién era, no había sido el mejor ejemplo de atención al cliente.

—Vayamos ahora con lo negativo —intervino Gertrudis, muy seca—, porque supongo que es eso lo que nos ha venido a decir…

—Quiero hablar de las dos cosas —sonrió Félix—, pero está claro que lo positivo se defiende por sí solo. Únicamente hay que mantenerlo y potenciarlo. En cuanto a lo que *no funciona*, os lo iré enumerando para que vosotros mismos propongáis soluciones.

Pedro miraba encogido a aquel joven dispuesto a dar un buen revolcón al aletargado Capitán Flint.

—No veo unos valores de empresa claros —empezó Félix—. ¿Qué es lo que nos distingue de la competencia? ¿Qué hace que los empleados de esta librería seamos diferentes? ¿Por qué venir aquí, en lugar de pedir los libros por Internet y que nos los traigan a casa?

Nadie supo qué contestar a estas preguntas.

Félix siguió, muy animado:

—Cuando tengamos la respuesta a eso, dejaremos de ser un desierto para convertirnos en un espacio donde los clientes se sientan a gusto y siempre deseen volver.

Tomó un sorbo de su café con leche, que ya estaba frío, y prosiguió:

—En esta librería parecen haber muerto todas las ideas, a excepción de las que están dentro de los libros. Cuando paseas por aquí, está todo siempre exactamente igual.

—Cambian los libros —apuntó Natalia—, pero podemos remodelar las secciones en las que están organizados.

—Eso se puede hacer también, pero me refiero a otra clase de innovación… —Félix se quedó un instante pensativo antes de aclarar—: Me gustaría que el cliente que entra en Capitán Flint tenga la sensación de que aquí *pasan cosas*.

—¿Se refiere a promociones y descuentos? —preguntó Gertrudis.

—Eso es una posibilidad, pero me refiero a cosas que involucren a las personas que trabajan aquí. El cliente debe sentir que se encuentra en un templo de libros donde vivirá emociones profundas y puede descubrir un tesoro, para hacer honor al nombre de la librería.

—Hace tiempo que no se hacen presentaciones de libros —intervino Jonathan—, porque no solía venir mucha gente, pero podríamos volver a intentarlo.

—Si no venía gente, habrá que preguntarse qué se podía haber hecho mejor. O, formulado en positivo, qué se puede mejorar para que a la gente le apetezca venir.

Dicho esto, se hizo un silencio que fue roto por Gertrudis:

—Como puede ver, no estamos acostumbrados a tomar la iniciativa, pero si usted propone todos los cambios que hay que hacer, los aplicaremos sin demora.

—Va a haber cambios, y ahora los decidiremos entre todos, pero no todos los presentes tendréis la oportunidad de aplicarlos. —Había llegado el momento de soltar el golpe de efecto—: Para dos de vosotros, mañana será el último día que trabajaréis aquí.

10

Cada cual tiene su sitio

Aprovechando que aquel otoño estaba siendo extrañamente cálido, hasta el punto de que los medios hablaban de un *veroño*, Félix había pasado el fin de semana paseando por un parque cercano a su hotel con el bloc de notas en la mano. Se avecinaban cambios importantes y quería estar atento a todos los detalles. Quedaban dos meses escasos para revertir la situación de las librerías. Si las ventas no empezaban a crecer y lograban un gran éxito en la campaña de Navidad, no podrían pagar la póliza de crédito y el banco les cortaría la liquidez.

A fin de remediar lo que *no funcionaba* en cada librería, Félix había optado por una solución arriesgada para acelerar el proceso de cambio: los dos talentosos empleados de John Silver irían a trabajar a la Capitán Flint, que por su tamaño y ubicación tenía un gran potencial de negocio, y dos de los empleados de esta última pasarían a la pequeña «librería pirata», donde la clientela ya estaba hecha y solo faltaba poner un poco de orden.

Félix había aprendido de los umeni que todo el mundo puede ser excelente si se le encuentra un lugar donde pueda brillar. Así como hay tierras adecuadas para cada tipo de cultivo, cada persona tiene su sitio.

Para su sorpresa, aquel lunes no encontró resistencia alguna por parte de los dos empleados de la John Silver para trasladarse a la gran librería de la avenida. Al contrario, la noticia pareció motivarlos.

—¡Por fin saldremos de este zulo! —se alegró Elena—. Creo que ya me había leído todos los libros que me interesan. En la Capitán Flint, el fondo es veinte veces el de aquí.

—¿Y no os da pena dejar este lugar?

—Al contrario —contestó Augusto—. Será todo un reto hacer una clientela fiel en una librería frecuentada por personas de paso.

—Habrá que poner las neuronas a trabajar —sonrió Elena.

En la Capitán Flint, sin embargo, no había el mismo entusiasmo por los cambios que arrancaban aquel lunes. Nadie entendía por qué dos de ellos, Jonathan y Gertrudis, se ocuparían a partir de ahora de la John Silver. Pero aún entendían menos por qué los dos que quedaban, Pedro y Natalia, iban a cambiar de puesto.

—Lleváis demasiado tiempo repitiendo las mismas tareas —explicó Félix pacientemente—. Como decía Einstein, si queremos resultados distintos no podemos hacer siempre lo mismo.

—Entiendo que Gertrudis será ideal para poner orden en la John Silver —dijo Natalia sin ocultar su disgusto—, y que el ambiente bohemio de esa librería puede revivir a Jonathan, que aquí se sentía muy solo. Pero yo hubiera preferido mantener mi puesto en lugar de estar tras el mostrador de atención al cliente.

—Nadie mejor que tú para atender a los que tienen consultas —dijo Félix—. Conoces cada palmo de la librería y podrás orientar perfectamente a los lectores para que encuentren por ellos mismos lo que buscan. Y no tienes que quedarte aquí todo el tiempo… Si no hay cola, puedes acompañarles tú misma. Eso les dará una experiencia distinta a la que tienen ahora.

Natalia asintió suavemente con la cabeza, como si estuviera ya algo más convencida. Félix siguió explicando:

—Por otro lado, Pedro lleva muchos años empujando el carro y haciendo de reponedor. Le vendrá bien estar sentado en caja y ocuparse de los albaranes cuando no esté cobrando a clientes. Además, tiene un trato suave y dejará buen sabor de boca a los clientes justo antes de marcharse. Porque el objetivo es este: queremos que vuelvan.

El aludido respondió a aquella confianza con una sonrisa nerviosa. En sus ojos, sin embargo, asomaba un nuevo brillo. Asumir otra responsabilidad le hacía sentir que comenzaba de nuevo.

Y eso era bueno.

La misión de la empresa
feliz es lograr que las personas que
la forman hagan aquello que se les da mejor.

Todos somos buenos en algo, y daremos lo mejor de nosotros mismos si podemos desempeñar aquella tarea en la que podemos brillar y sentirnos realizados.

La apatía y falta de identificación con un trabajo pueden convertirse en entusiasmo y en un rendimiento excepcional cuando la persona tiene la oportunidad de ocupar el puesto correcto.

Cuando algo o alguien no funciona, merece la pena detenerse a pensar si esa persona está realizando la función más adecuada, de acuerdo con sus características personales.

El cometido de una empresa —y, de hecho, el cometido de cada persona— es, por lo tanto, descubrir el ámbito en el que cada cual puede ser más útil a los demás.

HAZ LO QUE SE TE DA MEJOR

11

Una experiencia «Wow!»

Durante los primeros días, en la pequeña John Silver se produjeron escenas chocantes que provocaron la sonrisa de Félix, quien pasaba buena parte de su tiempo allí, a menudo acompañado por Simón.

Sentados en un rincón de lectura que Gertrudis había dispuesto para no tropezar constantemente con los clientes, el viejo gestor observaba aquellos cambios con la curiosidad de quien asiste a un experimento sociológico.

—Pensaba que esto iba a ser un desastre, pero ya veo que me equivocaba. Todo parece haber cambiado, menos lo esencial…

—Gertrudis ha reordenado el fondo sin que la librería pierda su encanto —explicó Félix—. Es muy minuciosa y ordenada, por lo que cualquier libro abandonado por los clientes vuelve a su sitio. Y ella misma está completando la base de datos para que sepamos qué hay aquí.

—Jonathan parece también mucho más contento…

Los dos levantaron la vista hacia el mostrador que antes ocupaba Elena. En aquel momento, el chico del pelo rizado asistía pacientemente al debate entre dos viejos profesores sobre la mejor traducción del *Ulyses* que podía conseguirse.

Días después, el heredero de las librerías y Simón acudieron a la renovada Capitán Flint para ver cómo navegaba la nueva tripulación. Lo primero que les llamó la atención fue los plafones con fotografías que ahora anunciaban las diferentes secciones. En la de novela extranjera —habían unificado todos los países en una sola sección— había un gran retrato de Hemingway rodeado de gatos. En la sección de ciencia, Einstein circulaba alegremente en bicicleta. La de literatura infantil y juvenil mostraba una divertida foto de Astrid Lindgren, la creadora de *Pippi Langstrump*, acompañada de la actriz que había dado vida a la serie y del señor Nilsson, su inseparable monito.

—Parece que este cementerio se ha humanizado —comentó Simón con admiración—. Y no solo por poner cara a los autores... ¡Hay clientes!

—Empieza a haber —dijo Félix, satisfecho—, pero seguro que vendrán muchos más.

A aquella hora de la tarde, una docena daban vueltas por las diferentes secciones, donde Elena se encargaba de atender sus dudas in situ. En el mostrador de atención al cliente, Natalia atendía a un abuelo que había venido a buscar un libro sobre la física cuántica que pudieran entender sus nietos.

—*La puerta de los tres cerrojos* de Sonia Fernández-Vidal —contestó la librera.

En la caja, Pedro cobraba con una sonrisa a una pequeña cola de compradores, mientras Augusto daba vueltas con el carrito para que cada novedad nutriera su sección.

—Aún tengo algo que enseñarte... —dijo Félix, llevando a su gestor hasta un nuevo rincón habilitado para hacer presentaciones y clubs de lectura.

Simón atravesó el espacio delimitado por unas cortinas rojas. Al otro lado, había un acogedor espacio con 40 sillas y un gran panel blanco con una palabra de tres letras: Wow!

Wow!

—¿Qué diablos significa esto? —preguntó el gestor, sorprendido.

—Resume a la perfección la experiencia que queremos que viva el lector cuando entre en Capitán Flint. No vendemos solo libros, también la pasión de leer. Una experiencia «Wow!»

12

El semáforo de la felicidad

Antes de que tuviera que enfrentarse al primer gran problema desde que Félix se lanzara a aquella aventura, el nuevo director introdujo una novedad inspirada una vez más por los umeni.

En la aldea donde había pasado dos años de su vida había un viejo ritual que le había impresionado desde el primer día.

En cuanto nacían, todos llevaban siempre tres brazaletes, que podían llegar a ser diez los días de fiesta. Cuando un miembro de la tribu se sentía feliz, lucía orgulloso los tres brazaletes, que pasaban a ser dos si le preocupaba algún problema. Si solo llevaba uno, significaba que estaba muy desanimado o se enfrentaba a importantes dificultades. Siempre que eso sucedía, la tribu iba a visitar al umeni triste y organizaban un círculo para asistirle.

Ayudado por Jonathan, que había demostrado ser un as de la informática, Félix había instalado en el ordenador de cada uno un equivalente a aquel ritual. Cada mañana, cuando los empleados encendían el ordenador que utilizaban para sus tareas, aparecía lo siguiente:

¿CÓMO ESTÁS HOY?

MAL

PSE, PSE...

GENIAL

Al principio, aquel semáforo había causado más sorpresa que otra cosa, pero tras la primera semana ya era un ritual que despertaba simpatía y algunas bromas por parte de los empleados de ambas librerías.

Desde su pequeño despacho en el almacén de la Capitán Flint, el biólogo supervisaba una vez al día los estados de ánimo de su tripulación, mientras se ocupaba de las cuentas de las librerías, revisaba los pedidos y las devoluciones.

Una mañana en que faltaba un mes para el inicio de la campaña de Navidad, cuatro empleados se habían despertado con un ánimo VERDE. Gertrudis había seleccionado el ámbar, porque había amanecido con lumbalgia y esperaba obtener cita con su osteópata. Pero por primera vez desde que habían introducido aquel barómetro, el tercer viernes de noviembre apareció un semáforo rojo. Correspondía a Jonathan.

Félix llamó un par de veces a la John Silver, que comunicaba como era habitual. Los clientes más fieles acostumbraban a hacer sus pedidos o consultas por teléfono. Ante la duda, salió de su despacho y tomó el metro en dirección a la pequeña librería para ver qué sucedía. Una vez allí, encontró a Jonathan abatido sobre el mostrador mientras Gertrudis le vigilaba de reojo a la vez que reponía libros en las mesas.

—¿Ha sucedido algo? —le preguntó Félix, en voz baja, tras ponerle el brazo en el hombro—. ¿Habéis discutido tú y Gertrudis?

—En absoluto... Me trata mejor que mi tía favorita.

—¿Tienes algún asunto personal que atender? Si es eso, puedes irte y ocuparé tu puesto mientras tanto.

—No es eso, sino... —tragó saliva antes de decir—: Soy yo, Félix. Necesito marcharme.

13

Una reunión de felicidad

Aquella noche, Félix convocó a todo el equipo en una pizzería del centro para una *reunión de la felicidad*. Había previsto hacer una cada mes a partir de enero para evaluar el ánimo de la tripulación, pero aquella noticia le había decidido a hacer un encuentro extraordinario.

Tras agradecer a todos que se hubieran prestado a cenar fuera de casa para escuchar a Jonathan, este empezó a explicarse:

—Ahora que estoy en John Silver, donde el ambiente es genial, me he dado cuenta de que este trabajo en realidad no me gusta. Antes podía echar la culpa a que estaba en una gran librería vacía, pero aquí... Ahora me doy cuenta de que este no es mi sitio. Como cliente me encantaría venir aquí, pero no sirvo para esta profesión.

—¿Qué podríamos hacer para ayudarte a que te sientas cómodo? —preguntó Félix mientras llenaba los vasos de Lambrusco rosado.

—Si te estresa atender al público, te puedo ceder mi puesto —propuso Augusto— y vas a tu aire reponiendo con el carrito.

—Igual lo que no quiere es que le mareen preguntando títulos —apuntó Pedro—. Si tienes alma de cajero y todos están de acuerdo, te cedo mi sitio. Yo estaré bien en cualquier lugar donde sea útil, aunque tenga que volver a empujar el carrito.

Jonathan miraba a todos, visiblemente emocionado, mientras se encogía de hombros sin saber cómo explicar lo que le bullía por dentro. Finalmente, tomó un sorbo del espumoso italiano y dijo:

—En realidad, lo que necesito es que me ayudéis a irme. Con todas vuestras muestras de afecto, me lo estáis poniendo aún más difícil.

Aquella declaración cayó en el grupo como un jarro de agua fría. Temiendo haber herido los sentimientos de los demás, Jonathan volvió a tomar la palabra para explicar:

—Me siento privilegiado por haber trabajado con profesionales mucho mejores que yo... —En este punto pareció que se le hacía un nudo en la garganta—. Si fuera por el equipo, me quedaría aquí hasta el fin de los tiempos, pero me doy cuenta de que no soy un buen librero, y eso me hace sentir frustrado. Estoy convencido de que habrá otras personas que lo harán mucho mejor que yo.

—No hables de los otros —le pidió Félix—, sino de ti mismo. ¿Qué te hace creer que no eres un buen librero?

—Conozco pocos títulos... De hecho, creo que he leído solo los libros que todo el mundo conoce.

—Eso no tiene por qué ser malo —intervino Elena—. Puedes ser un prescriptor *mainstream*.

Jonathan resopló.

—No le agobiemos más —dijo Félix—. Permíteme solo una pregunta, compañero. En el punto de tu vida en el que te encuentras ahora, ¿qué crees que podría hacerte feliz?

—Pues... —caviló un momento antes de seguir—, algo creativo que pueda hacer por mi cuenta, pero que al mismo tiempo sea útil a mucha gente... ¿Creéis que puedo encontrar algo así?

Félix esbozó una suave sonrisa antes de responder:

—No tengo ninguna duda.

14

Primera reunión de valores

Tras anunciar en varias webs de recomendaciones literarias la oferta para cubrir la vacante, un día Félix organizó un desayuno con los empleados de ambas librerías, además de Simón, para algo que consideraba vital. Antes de contratar a alguien nuevo, era esencial definir entre todos los valores de la compañía.

Como ambas librerías abrían a las diez y media, el encuentro tuvo lugar a las nueve en una tetería a medio camino entre los dos locales.

—Cuando vivía con la tribu en el Amazonas —explicó Félix—, las decisiones importantes se tomaban siempre en común, especialmente si afectaban a todos. ¿Y qué hay más importante que incorporar a un nuevo marinero a una nave como la Capitán Flint?

—¿Significa eso que tendremos que dar nuestra opinión sobre los candidatos? —preguntó Gertrudis.

—¡Más que eso! Participaréis activamente en el proceso de selección. Será una persona con la que tendréis que convivir y, por lo tanto, mejorará o empeorará la jornada laboral de todos. Los umeni dividían todas las cosas en dos categorías muy claras: lo que suma y lo que resta —Félix abrió las manos para incluir a todos en aquella cuestión—. Lo mismo nos sucederá con quien incorporemos a la empresa. Si elegimos bien, sumaremos valor y nuestra jornada será aún más agradable y productiva. Pero si nos equivocamos, entonces tendremos un problema más. Por eso quiero que todos nos impliquemos en el proceso —se quedó pensativo antes de concluir—, pero antes es esencial que definamos los valores que guían nuestro trabajo en la librería. Si no los tenemos claros, no podremos elegir a la persona adecuada.

Tras esta explicación, se hizo un silencio expectante, roto por Augusto, que se pasaba la mano por la barba mientras preguntaba:

—¿Te refieres a valores personales? ¿O a los valores que debe transmitir la librería?

—Sería una intersección entre ambas cosas. Voy a lanzar una pregunta para todos: vosotros, ¿qué valoráis de trabajar en una librería?

—Por supuesto, el privilegio de estar rodeada de libros —dijo Elena— y tener la oportunidad de recomendar los mejores a los clientes. Saber que ellos confían en el librero para llevarse a casa una lectura que puede cambiar su vida.

Félix alzó la mano con entusiasmo para detenerse un instante en este punto.

—Creo que has apuntado dos valores muy interesantes, Elena. El primero sería la pasión por el producto, que en nuestro caso son los libros. Solo si amas lo que haces podrás venderlo de forma honesta. El segundo sería la vocación de ayudar e inspirar a los clientes.

—Eso es lo que crea adicción, en el buen sentido —dijo Pedro—. Cuando un cliente se siente bien tratado, vuelve de forma natural al mismo lugar.

—Porque quiere repetir la experiencia agradable —le apoyó Félix—. Así es como se crea la fidelidad entre un cliente y una marca, en nuestro caso, las librerías que estamos tratando de reflotar. ¿No dijo alguien que la felicidad consiste en repetir?

—Milan Kundera lo dijo —repuso Elena, sonriendo.

—Pues entonces tenemos ya un *leitmotiv* básico para nuestra empresa: hacer felices a los clientes.

—Para que vuelvan —apuntó Gertrudis.

—No solo para eso, aunque queramos volverles a ver —concedió Félix—, sino porque significa que estamos haciendo bien nuestro trabajo. Pero hay un motivo extra para hacer felices a los clientes que no tiene nada que ver con la cuenta de resultados. Al menos, con los económicos.

Los cinco empleados y el gerente le miraron con curiosidad, mientras un camarero servía el té y las pastas.

—Si hacemos felices a nuestros clientes, también seremos felices nosotros —continuó—, porque nuestra autoestima y el sentido de nuestra vida están estrechamente ligados a lo útiles que nos sentimos para los demás. Si logramos que todo aquel que entra en la librería salga satisfecho y reconfortado, nuestro semáforo siempre estará verde.

—Más que una librería, parece que queramos crear una ONG —bromeó Augusto.

—El objetivo final es ambicioso, pero bello. Por eso merece la pena aspirar a ello.

—En resumen, ¿cuál sería ese objetivo? —preguntó Natalia, que parecía incómoda en aquel debate.

—Te puedo resumir en una frase lo que vamos a crear: la empresa más feliz del mundo.

15
Una idea formidable

Un día después de la reunión, Félix estaba en el banco discutiendo sobre los plazos de la póliza de crédito, cuando su móvil vibró para avisarle de la entrada de un whatsapp:

ELENA
He tenido una idea que puede ser formidable.
¿Tienes un rato en algún momento de hoy?

Había estado esperando su turno y ahora el empleado bancario lo desatendía respondiendo una consulta telefónica. Miró el reloj, era casi la una y media, así que escribió:

FÉLIX
¿Qué tal si comemos en el japonés
de al lado de Capitán Flint?

ELENA
¡Genial! En cuanto cierre al mediodía, voy para allá.

Félix llegó antes de las dos al pequeño restaurante, donde siempre había alguna mesa con japoneses comiendo, lo cual le indicaba que era un buen lugar. Pidió un plato de *edamame*, las habas de soja que en el país nipón se toman como si fueran pipas, y una cerveza fría mientras repasaba los principales conceptos que habían salido en la primera reunión de valores. Los escribió en un cuaderno:

NUESTROS VALORES EN
CAPITÁN FLINT & JOHN SILVER

1. *Amamos los libros.*
2. *Nos gusta descubrir y compartir tesoros.*
3. *Creamos momentos felices.*

Félix interrumpió la lista en este punto al ver que entraba Elena con una bolsa cargada de libros y una sonrisa de oreja a oreja. Por primera vez desde que se había metido en aquel berenjenal, el biólogo se dio cuenta de lo atractiva que le resultaba aquella chica.

—¿Qué escribes? —le preguntó tras saludarle con un par de besos.

—Intento resumir los valores que surgieron ayer en la reunión.

—Pues apunta también esta idea —dijo ella apoyando la barbilla sobre las manos—. Ahora que empezamos a crear una clientela en la librería principal, me doy cuenta de lo que faltaba aquí.

—¿Qué faltaba?

—Implicación con el producto, como diría alguien de marketing. Del mismo modo que sería un escándalo ver a un empleado de Apple usando un PC clónico, no puedes seducir a los lectores si no predicas con el ejemplo.

—Cuando trabajabas en la John Silver siempre tenías un libro en la mano... ¿Te refieres a eso? ¿A que los empleados de Capitán Flint lean para que los clientes se den cuenta de que saben lo que venden? —bromeó Félix.

—He pensado en algo más sofisticado que eso... —sonrió ella—. Partiendo de la base de que nos gusta descubrir libros para nosotros, para luego compartirlos con los clientes, he pensado en las personas-libro de *Farenheit 451*.

—No he leído esa novela... —reconoció él algo apurado.

—Bueno, es una distopía que habla de una sociedad en la que los bomberos se dedican a quemar libros, porque la lectura ha quedado prohibida. Para evitar que estas grandes historias se pierdan, se crea una sociedad secreta en la que cada persona memoriza un libro entero —explicó entusiasmada—. Una de ellas puede ser *Don Quijote*, la otra, *Cien años de soledad*...

—¿A dónde quieres ir a parar? —preguntó él mientras una camarera les pasaba la carta para que eligieran el menú.

—No estaba pensando en una tarea titánica como aprenderse un libro de memoria, sino en un detalle muy bonito que no pasará desapercibido a los clientes.

Félix juntó las manos, deseoso de oír aquella idea.

—Cada vez que uno de nuestros empleados lea un libro, podría anotar la frase que más le ha gustado y estamparse una camiseta con ella. Hoy en día hay imprentas digitales donde hacen eso en un par de minutos.

—¿Y qué efecto crearía esto en el cliente? —preguntó él muy interesado.

—Puesto que es un público al que le gusta leer, no podrá evitar fijarse y muy probablemente preguntará: «Oye, ¿de quién es esa frase?» Y el librero le puede contestar: «Lo dice el personaje tal de la novela tal. Yo de ti la compraría cuanto antes».

—Bravo... —repuso Félix antes de anotar algo nuevo en su lista:

Nos fascinan las ideas formidables.

16

La primera selección

El viernes por la mañana, Simón había citado en su despacho a Félix para saber si necesitaba su ayuda para redactar el contrato del empleado que debía incorporarse a la John Silver. La librería se había quedado con una sola persona, Gertrudis, aunque mientras tanto él mismo estaba cubriendo la vacante.

—Aún no lo tenemos —reconoció.

—¿Cómo es posible? Con la cantidad de gente que hay en paro, no te será difícil...

—Sin duda hay mucha gente que quiere trabajar —le interrumpió el biólogo—, pero eso no quiere decir que sea fácil dar con la persona adecuada. Estamos siguiendo un proceso casi científico, como un biólogo que sigue un largo protocolo en el laboratorio.

—¿No haría mejor ese trabajo una empresa de selección de personal? —preguntó Simón ingenuamente.

—¿Conoce esa empresa nuestros valores?

El gestor se quedó sorprendido ante esa pregunta. Deslizó sus dedos por el globo terráqueo de su mesa y lo hizo girar suavemente antes de responder:

—Si te soy franco, ni siquiera yo los conozco. A no ser que sean los mismos que los de tu padre.

—¿Cuáles eran los valores de mi padre?

—Abrir siempre puntual. Surtir bien las mesas. Llevar el inventario de entradas y devoluciones al día. Cuadrar la caja... —Simón levantó la cabeza de la bola del mundo para mirarle fijamente—. Esa clase de cosas.

—Necesarias para el buen funcionamiento de una empresa, sin duda, pero ¿dónde está el alma de esa empresa?

El gestor no supo qué contestar, así que optó por entrar en el terreno práctico.

—Si no quieres contar con una agencia de selección, entonces entiendo que te ocuparás personalmente de elegir a los candidatos.

—Nos ocuparemos entre todos —le corrigió Félix—. A medida que llegan los candidatos, vamos mirando quiénes son para hacer un primer filtro según los valores.

—¿Qué buscáis exactamente? —preguntó con verdadera curiosidad.

—Tal vez acabe antes si te digo que *no buscamos*. Desestimamos los currículums que llegan de forma maquinal, sin una carta de presentación personalizada. También descartamos todos aquellos que demuestran no conocer la empresa en la que aspiran a trabajar.

—Hasta aquí, todo muy lógico... ¿Y en qué os fijáis en el currículum? A fin de cuentas, solo necesitáis a alguien que atienda al público.

—Para nosotros esta labor es mágica y, por lo tanto, no queremos que la haga cualquiera —dijo con determinación—. En el currículum valoramos cosas extraordinarias, y no me refiero al expediente académico. Personas que han trabajado en un proyecto de cooperación, que han ideado algo que no existía… En definitiva, nos gusta la gente que quiere hacer cosas. Nuestro anuncio no engaña: BUSCAMOS A LIBRERO/A CON PASIÓN.

—Muy bien… —dijo Simón cruzando las manos, reclinado en su butaca—. Y ¿cuántos currículums te han llamado la atención de todos los que han llegado desde que publicaste el anuncio?

—Entre todos hemos seleccionado unos quince. Yo, por ejemplo, me he fijado en este chico…

Félix abrió su cartera y extrajo una fotografía impresa. En ella se veía a un joven muy delgado en una habitación forrada de columnas de libros.

—Se llama Ignacio y ha mandado esta foto de su cuarto. Nos muestra de manera clara que los libros son su vida. Ya solo por eso merece la pena hablar con él.

—¿Vais a entrevistar a quince personas en la librería?

—Aún no. Antes de hacerles perder tiempo y dinero con desplazamientos, les llamamos por teléfono. Con cuatro preguntas podemos saber si pasan a la siguiente fase.

—¿Cuatro preguntas? —preguntó Simón— ¿Cuáles son?

—Ahora lo verás… ¿Tiene tu teléfono opción de manos libres? Voy a llamar al chico que duerme entre pilas de libros.

17

La entrevista telefónica

Simón activó el manos libres y aguardó, lleno de curiosidad, a que Félix iniciara su conversación con el joven de la foto, que respondió enseguida a la llamada.

—Soy el director de la librería donde has mandado tu solicitud —se presentó—. Antes de nada, quiero agradecerte el tiempo que has dedicado a mandar el *mail* con tu currículum y la foto. Tienes muchos libros, ¿eh?

—Sí —dijo riendo—. Mi madre dice que demasiados.

—Nunca son demasiados… Bueno, Ignacio, en este primer contacto solo te haré cuatro preguntas. Contesta con total libertad, ¿de acuerdo?

—Eso haré.

—¿Qué objetivo profesional tienes?

Simón abrió los ojos, algo sorprendido. Desde luego, no parecía una pregunta fácil.

—Mi objetivo es trabajar en lo que me gusta —contestó el candidato, sin dudar—. Y como lo que más amo en el mundo es leer, no se me ocurre un lugar mejor donde trabajar que una librería. No aspiro a nada más.

—Perfecto, Ignacio. La segunda pregunta igual te sorprende, pero te pido que contestes con toda honestidad: ¿en qué destacas?

—¿Cómo? —preguntó el otro, algo inseguro—. ¿Te refieres laboralmente o en mi vida personal?

—En general, ¿qué se te da bien hacer?

Ignacio tardó un par de segundos en responder:

—Se me de bien leer, descubrir novedades literarias y recomendarlas a la persona adecuada. No acostumbro a fallar, porque soy consciente de que lo que me gusta a mí puede resultar insoportable a otro lector.

Simón alzó el pulgar de forma admirativa, pero Félix movió la mano como diciendo «No sé, no sé…». Aquella respuesta era tan perfecta que costaba creer que fuera sincera.

—Mi tercera pregunta es: ¿qué tipo de trabajo no te gusta o no se te da bien?

—Mmm… Hacer números. La verdad es que soy un desastre en esto. Por eso nunca habría escrito si el puesto fuera en la caja de la librería, porque seguro que nunca cuadraría.

—Genial, Ignacio. Lo has expresado muy bien. Y ahora, la última pregunta…

—Adelante.

—¿Puedes darme el contacto de algún jefe o responsable tuyo al que pueda llamar para pedir referencias?

Aquella pregunta pareció desconcertar al candidato, que a continuación respondió:

—Mi último trabajo fue como corrector de pruebas en una editorial que cerró el mes pasado. Y te aseguro que no tuve la culpa…

Félix encajó aquella broma con una sonrisa y, acto seguido, le preguntó:

—¿Puedes darme el teléfono de tu jefe en ese trabajo?

Tras un par de segundos, Ignacio dictó por teléfono el número del móvil del editor jefe.

—¿Lo vas a llamar ahora mismo?

—Tal vez sí, pero dime una cosa... ¿qué crees que dirá de ti?

—¿Cómo dices? —preguntó el chico, cada vez más sorprendido.

—Imagina ahora que tú eres él y yo le llamo para pedirle referencias sobre ti. ¿Qué va a decirme?

—Seguro que cosas buenas, aunque suene poco modesto. El editor jefe siempre me mostró gran aprecio.

—Eso es todo lo que quería saber, Ignacio —concluyó Félix—. Te avisaré si surge la oportunidad de que nos conozcamos personalmente. Gracias de nuevo por tu tiempo.

18

El círculo virtuoso

Aquel último fin de semana de noviembre, Félix decidió hacer una pausa en la búsqueda de la persona que necesitaban para ocuparse de quien se había marchado.

Los umeni le habían enseñado un dicho de su tribu: «No puedes disfrutar de la noche sin haberte despedido del día». Aquel sábado le vino varias veces a la cabeza Jonathan. Aunque su contrato ya había sido rescindido y había cobrado lo que le correspondía tras su baja voluntaria, se preguntó cómo se sentiría ahora y si habría encontrado un nuevo rumbo en su vida.

Otra máxima de los umeni: «Presta atención a tu corazón, porque ve más lejos que tus ojos», le convenció de mandar un mensaje a Jonathan para verse.

Aunque al principio pareció sorprendido de que su exjefe le contactara, aquella misma tarde quedaron para dar un paseo en el mayor parque de la ciudad. Al comentarle que su único propósito era saber cómo le iban las cosas y si podía serle útil en algo, Jonathan respiró aliviado mientras caminaban junto a un lago.

—Pensaba que ibas a pedirme que volviera para trabajar en la campaña de Navidad, que es de aquí a tres semanas.

—Nunca haría eso, Jonathan, ahora que has descubierto que ese no era tu trabajo ideal. Solo quería saber si has encontrado ya un nuevo camino en tu vida.

—No del todo... Y, de hecho, a veces pienso que tal vez no todo el mundo tenga una pasión —pensó Jonathan en voz alta—. Quizá hay tipos como yo que nunca encontrarán nada que les guste.

—¡Eso es imposible! Si buscas suficientemente, darás con aquello que da sentido a tu vida. Creo que era Viktor Frankl quien lo decía: si no sabes cuál es tu misión en la vida, ya tienes una: encontrarla.

Jonathan sonrió ante aquella idea. Le gustaba. Al mismo tiempo, le resultaba extraño estar hablando de aquellas cuestiones un sábado por la tarde con quien había sido su jefe, que volvió a la carga:

—El primer paso para ser feliz es disfrutar de cada pequeña cosa. Cuando consigues que algo te guste, lo haces mucho mejor y los resultados que obtienes son también mejores. Eso te da confianza y beneficia tu vida personal, por ejemplo tu relación de pareja. Si tú estás contento y satisfecho, tu pareja también lo estará y te alimentará de energía positiva, con lo cual aún trabajas más feliz y obtienes mejores resultados, siguiendo un círculo virtuoso. Resumiendo, solo quiero decirte que lo bueno que ponemos en nuestra vida se retroalimenta.

—Y todo lo malo... —comentó Jonathan con cierta ironía—. Creo que he dedicado gran parte de mi vida a alimentar un circuito de pensamientos negativos. Por eso acabé cayendo en la depresión.

—Darte cuenta de eso puede bastar para que algo haga

clic dentro de ti y todo cambie. Por cierto, ¿no hay nada que recuerdes con placer de tu trabajo en la librería?

Jonathan se pasó la mano por el pelo rizado y dijo:

—Bueno… Además de los compañeros, recuerdo que me divertí mucho diseñando esos semáforos para el personal, aunque no terminé de elaborar la idea. Creo que debería aparecer algo más antes de elegir tu estado de ánimo.

—Pues hazlo para nosotros y te pagaremos el trabajo por horas —le propuso Félix, que de repente recordó algo que habían hablado en su última reunión—. Otra cosa: nuestra web no es nada cálida ni operativa. Es una página fija con cuatro informaciones. ¿Te gustaría rediseñarla?

Una luz de desafío se instaló en los ojos de Jonathan:

—Desde luego. La que hay es horrible.

El aprendizaje continuo y el crecimiento,
tanto personal como profesional,
son un pilar de la empresa feliz.

El mundo cambia constantemente y, si nosotros no cambiamos, no podremos ser felices en un mundo al que ya no estaremos adaptados. Por eso es importante que nuestro trabajo sea un espacio de constante formación en el que los nuevos retos no dejen lugar para la monotonía.

Incluso si tenemos que realizar siempre las mismas tareas, la manera de afrontarlas —de forma creativa y adaptada a los tiempos o siguiendo una idéntica inercia— marcará la diferencia entre un trabajo tedioso o un espacio de crecimiento.

La atención a lo inesperado y la innovación son valores fundamentales en una empresa feliz.

Toda empresa feliz debería ofrecer a su equipo nuevas oportunidades para aprender y compartir sus conocimientos con otras personas.

APRENDE CADA DÍA

19

El semáforo de la felicidad II

El lunes, al llegar a la librería, cuando cada una de las cinco personas del equipo abrieron su ordenador en lugar de aparecer directamente el semáforo tenían un correo.

```
BUENOS DÍAS
«Escribe tus errores en la arena, para que las
olas de tus éxitos se encarguen de borrarlos»
(Anónimo).

¿Cómo estás esta mañana? —>
```

Para contestar a la pregunta, los empleados clicaron en un enlace que abría un pequeño formulario:

¿Cómo estás hoy?
o Superverde
o Verde
o Ámbar
o Rojo

¿Quieres especificar los motivos?

o Personales

o Laborales

Si quieres hacer algún comentario, aquí tienes tu espacio.

_____

ENVIAR

Con aquel nuevo protocolo diseñado por Jonathan durante el fin de semana, además de elegir entre cuatro estados de ánimo y dos ámbitos, el laboral y el personal, había la posibilidad de escribir mensajes.

Los resultados de cada mañana, además, iban a una base de datos que proyectaba gráficos semanales, mensuales y anuales para analizar la cuenta de resultados emocionales de la tripulación.

—Hoy vendrá el primero de los candidatos a Capitán Flint —anunció Félix a los cuatro empleados—. Es aquel chico de la foto que os enseñé.

—El friki de los libros —sonrió Elena.

—Sí, en media hora conoceréis a Ignacio.

—¿Vamos a tener que entrevistarlo? —preguntó Pedro.

—No directamente. Sería muy estresante para él que cuatro personas, cinco conmigo, lo acribillaran a preguntas. Más útil que eso será que pase la mañana con nosotros, como un empleado más de la librería. Esta tarde nos reuniremos para valorar la experiencia.

—Lo importante es que te guste a ti —se atrevió a decir Natalia.

—No, lo importante es que nos guste a todos, eso lo aprendí de los umeni. En el caso de Ignacio, si decidimos que se queda, vamos a compartir con él más tiempo al día que con nuestra familia. Por eso hay que elegir con cabeza y corazón.

La nueva encargada de atención al cliente asintió.

Minutos después, la puerta metálica de la Capitán Flint empezaba a subir. Aquel primer lunes de diciembre iban a suceder muchas más cosas de las que se imaginaban.

20
Nuevas entrevistas

Mientras en Capitán Flint esperaban la llegada del librero en pruebas, Félix se desplazó a la John Silver, donde la afluencia de clientes no había disminuido pese al importante cambio en el personal.

Los intelectuales Elena y Augusto, ahora en la librería grande, habían dejado paso a una Gertrudis que, desde la marcha de su compañero en el mostrador, dirigía el pequeño establecimiento como una mujer orquesta.

Aunque contaba con la ayuda intermitente de Félix, durante muchas horas al día tenía que valerse por sí sola para controlar el *stock*, poner orden en las mesas y atender a las demandas de los despistados clientes, que chocaban entre ellos mientras hojeaban libros.

—¿Qué tal lo llevas? —le preguntó él, algo abrumado por su situación.

—Sorprendentemente bien —dijo con una amplia sonrisa—. Primero pensé que no podría con todo, pero me he dado cuenta de que el público de la John Silver es muy autónomo. Les gusta pasar el rato aquí, revolver y leer mientras suena música de jazz. El ambiente ya está creado y se trata de no molestar. Como mucho introducir alguna novedad...

Gertrudis le señaló un nuevo rincón liberado donde había termos de café y de té, además de tazas para que los clientes se sirvieran. Al lado, un bote con una ranura indicaba el precio de la taza: 1 euro, pero especificando que los que compraran un libro quedaban invitados.

—¿Puedes creer que este simple detalle ha aumentado las ventas un 25 por ciento? —comentó ella, muy orgullosa—. La afluencia de clientes es la misma pero, una vez tienen la taza en la mano, muchos prefieren comprar un libro y que les inviten al té o al café.

—¡Me parece una idea fantástica, Gertrudis!

—Solo estoy sufriendo por el club de lectura. El próximo es este jueves y nunca he hecho esta clase de actividades...

—Me quedaré yo por ti —se ofreció él—. Además, estamos seleccionando a un nuevo librero para cubrir la marcha de Jonathan, que va a hacer maravillas con nuestra página web. El nuevo debe estar ahora empezando en la Capitán Flint, pero antes de comer vendrá aquí a ayudarte. Es esencial saber si te sientes cómoda con él y que podéis formar un buen equipo.

—Como mucho será un buen dúo —ironizó ella—. De acuerdo, intentaré que se sienta a gusto para ver qué tal se desenvuelve.

Tras esta conversación, Félix se metió en el pequeño almacén, donde se encontraba el teléfono de los pedidos. Mientras marcaba el número del segundo candidato que habían elegido a partir de los currículums, se dijo que el humor de Gertrudis había cambiado por completo desde su traslado a la John Silver.

En aquel pequeño establecimiento de ambiente familiar, donde había tantas teclas que tocar, la librera se movía como una anfitriona de primera. Su monótono puesto en la Capitán Flint había apagado, con el paso de los años, esa chispa interior que ahora volvía a encenderse.

Una voz soñolienta de mujer atendió al teléfono. Al comunicarle Félix la razón de la llamada, recompuso el tono y respondió con agilidad a las primeras preguntas.

Al interesarse por sus anteriores dos empleos, la interlocutora empezó a titubear:

—Había muy mal ambiente y acabé dimitiendo —Félix no pudo evitar pensar que también ella formaba parte del mal ambiente—. Y en mi último trabajo estaban muy contentos conmigo, pero la empresa se vio obligada a hacer una reducción de personal y me tocó a mí —concluyó ella.

La intuición le decía que hay ciertas personas a las que les acostumbran a salir mal las cosas, así que el biólogo decidió llamar al tercer candidato, un hombre joven licenciado en filosofía, lo cual parecía un buen punto de partida. Además, había participado en proyectos culturales en media docena de países.

Al responder a su llamada, la primera pregunta la hizo el candidato:

—¿Me puedes decir cuáles son las condiciones económicas, antes de seguir hablando?

Sorprendido por aquella exigencia, nada más empezar, Félix le dio sin problemas el bruto anual y le resumió los horarios antes de pasar a su primera pregunta:

—¿Qué objetivo profesional tienes?

El candidato pareció cavilar un rato antes de dar su respuesta:

—Mi objetivo a medio plazo es viajar por el mundo. Me interesan los programas de intercambio académico que tienen que ver con la divulgación de la filosofía.

—Un proyecto muy atractivo —esgrimió Félix—, pero ¿por qué te interesa entonces el empleo en la librería?

—Los programas en el extranjero en los que quiero participar pueden tardar aún dos o tres años en arrancar. Mientras tanto, necesito trabajar en algo para ir ahorrando.

—Entiendo, gracias por tu sinceridad y por tu tiempo.

Félix no necesitó seguir con el cuestionario. Una empresa feliz no podía buscar a alguien que quiere trabajar en *algo*, sino a una persona que pudiera sumar su pasón al equipo.

Una empresa feliz debe tener un porqué con el que sentirse identificados.

En el trabajo y en la vida, la felicidad reside en encontrar un sentido a aquello que hacemos. Eso es lo que nos permite crecer como seres humanos y superar cualquier dificultad.

Como decía Nietzsche en uno de sus aforismos más célebres: «Quien tiene un porqué vivir puede soportar casi cualquier cómo». Ese porqué es la misión de la empresa con la que debemos sentirnos alineados.

Tanto si se trata de una compañía como de un proyecto personal profesional, es importante saber por qué hemos elegido esa actividad y qué podemos hacer para brillar en ella.

En el caso de un equipo, un objetivo común —el porqué de la compañía— que nos permita mejorar nos ayuda a crear una empresa feliz. Como decía Mark Twain: «Los dos días más importantes de tu vida son el día que naces y el día en que descubres para qué has nacido».

AMA EL POR QUÉ DE TU EMPRESA

21
El nuevo grumete

ELENA
Capitán Flint llamando a John Silver.
El nuevo corsario ha puesto
rumbo a vuestros mares para
un segundo abordaje.

FÉLIX
¡Ojo avizor! ¿Cómo ha ido la
navegación esta mañana?

ELENA
Con algunas incidencias, pero totalmente
disculpables. El grumete Ignacio puede
acabar siendo un buen marino.

FÉLIX
¿Qué incidencias?

ELENA

Bueno, es un chico encantador y también
bastante cegato, aunque en la foto se
sacara las gafas. Ha tenido una colisión
con el carrito de Augusto y otra con
un cliente que ha estado a
punto de besar el suelo.

FÉLIX
Vaya...
¿y cómo ha reaccionado?

ELENA

¿El cliente o el librero? Ignacio se
ha disculpado mil veces y luego
le ha ayudado a encontrar
varios libros.

FÉLIX
¿Y se ha sabido orientar
entre los miles de ejemplares?

ELENA

Perfectamente, en eso tiene mucha vista.
Ha localizado enseguida dónde estaba
cada título. Ha mirado en el ordenador,
aprovechando que Natalia estaba en el
almacén y ha entendido el
programa enseguida.

> FÉLIX
> Fantástico.
> ¿Y qué tal la relación con
> sus compañeros?

ELENA
Muy amable, aunque se confundía todo el
rato con los nombres. A Pedro lo llamaba
Augusto y a mí, Natalia. Fuera de eso,
parece que tiene miles de títulos de libros
en la cabeza, como yo.

> FÉLIX
> Resumiendo: un sabio despistado.

ELENA
Sí, pero con posibilidades de mejora. Con un poco
de práctica puede aprender nuestros nombres.
Cuando conozca el espacio, también
aprenderá a no chocarse con los clientes.

> FÉLIX
> Veo, entonces, que ha caído bien ☺.

ELENA
Pedro dice que le recuerda a su sobrino, que trabaja
de bibliotecario y es también un poco desastre.
Natalia estaba encima de él todo el tiempo,
ya sabes lo perfeccionista que es.

FÉLIX
Y a ti, ¿qué te parece?

ELENA
A mí me parece encantador.
Solo como librero, por supuesto…

FÉLIX
Espera, aquí llega ;-)
Nos reunimos todos mañana,
a la hora del desayuno.

22

Sí o No

Aquel martes, una hora antes de abrir puertas, los cinco empleados se reunieron para desayunar y evaluar la experiencia con el aspirante a librero.

Su paso por la John Silver, que era el destino de la nueva incorporación, había sido muy revelador, en opinión de Gertrudis:

—Yo creo que se adaptará rápido. Conoce muy bien lo que publican las diferentes editoriales y sellos. Es un poco despistado, pero cuando se haga a la librería encajará como un guante.

Antes de que el resto de empleados opinara sobre lo que había sucedido en la Capitán Flint, el biólogo decidió poner orden en la reunión:

—Está claro que cada uno de nosotros tendrá su propia opinión sobre Ignacio, pero propongo que apliquemos el test binario para llegar a conclusiones claras.

Se hizo el silencio en la mesa. Por el mohín en los labios de Natalia, se notaba que no todo el mundo confiaba en que aquel método tan simple sirviera para evaluar lo idóneo de un candidato.

—Los umeni insistían en que lo importante es que cada pregunta se pueda responder con un sí o un no. Muchas cuestiones vitales son así de simples y hemos de ser capaces de llegar a ese grado de síntesis. La primera pregunta que os hago es: ¿la presencia de Ignacio en la librería, como compañero de trabajo, os hace sentir cómodos?

Elena y Augusto asintieron inmediatamente.

—No lo conozco lo suficiente para saberlo —argumentó Natalia.

—Yo me siento cómoda —dijo Gertrudis—, y mi opinión vale el doble, porque voy a ser yo quien conviva con él y sus despistes ocho horas al día.

Félix sonrió ante este comentario, aunque insistió en que la opinión de cada uno de ellos valía exactamente igual. A continuación, siguió preguntando:

—La incorporación de Ignacio, ¿aporta calidad a la librería?

—Sin duda —volvió a intervenir Gertrudis—. Para empezar, porque dejaré de estar sola durante mucho tiempo al día. ¡Estamos a las puertas de la campaña de Navidad! Pero sobre el candidato en sí, sus conocimientos editoriales y su amabilidad aportarán una mejor experiencia a los clientes.

—Yo opino lo mismo —dijo Elena.

—Al menos merece la pena probarlo tres semanas —añadió Augusto—. Si nos hemos equivocado, entraremos en plena locura navideña con uno menos.

Natalia asintió.

—Y si acertamos, habremos sumado un importante efectivo a la empresa —siguió Félix—. Y ahora, la tercera y última pregunta del test binario. El trato que habéis tenido con él, ¿os hace pensar que se ajusta a los valores de la empresa?

—Vamos a recordarlos... —intervino Elena—. Uno: *amamos los libros*. Creo que eso está claro, viendo ya la foto de su habitación.

Todos asintieron entre risas.

—Segundo: *Nos gusta descubrir y compartir tesoros*.

—En las pocas horas que ha estado en la John Silver, ha hecho media docena de recomendaciones a los clientes —dijo Gertrudis—. Puedo dar fe de que disfruta compartiendo los libros que le gustan.

—Tercer valor —recordó Elena—: *Creamos momentos felices*.

Llegados a este punto, Félix tomó la palabra:

—Bueno, es demasiado pronto para saber si Ignacio creará o no momentos felices. Para saberlo, necesitaríamos darle las tres semanas de prueba. ¿Qué opináis?

La respuesta fue que «Sí» por unanimidad.

7ª CLAVE

Para poder decir SÍ a lo verdaderamente importante las empresas también tienen que saber decir NO.

El test del SÍ o el NO es fundamental en todos los ámbitos de una empresa, pero no se limita solo a la contratación de nuevos miembros para el proyecto.

Sin duda, acertar con las nuevas incorporaciones al equipo es muy trascendente, pero también hay otros ámbitos en los que a veces es importante decir NO.

Una empresa feliz debe saber decir NO a aquellos clientes, proveedores y oportunidades que no están alineados con sus valores, sea porque no aportan beneficios a la sociedad o sea por su trato poco respetuoso hacia las personas o el planeta.

Cuando eso sucede, saber decir NO es una buena inversión, ya que nos permite centrar nuestras energías en aquello que SÍ nos ayudará a crecer, como empresa y como personas.

APRENDE A DECIR NO

23

Feliz lectura

La incorporación a la pequeña librería del librero de prueba permitió a Félix salir el viernes por la mañana a reunirse con Jonathan. Tras el rediseño de los semáforos que mostraban el buen ánimo de la compañía, le había encargado que creara una web más creativa e interactiva para ambas librerías. Una plataforma digital que, en vez de ser un portal sin alma, reflejara los valores de la empresa.

El biólogo y el ahora diseñador web, que iniciaba su carrera como *freelance*, se habían citado nuevamente en el gran parque de la ciudad, aprovechando el tímido sol de diciembre.

Pasear bajo los árboles pelados, mientras las hojas crujían bajo sus pies, resultaba inspirador para los dos.

—El primer problema que hemos de resolver —empezó Jonathan mientras caminaban ensimismados— es que se trata de dos librerías con nombres distintos... y hay que englobarlas a ambas en una sola web.

—Cierto, también yo he pensado en eso... —dijo Félix resguardando las manos en los bolsillos de la parka—. Tiene que ser un nombre que sirva para las dos. A la hora de elegir el dominio, la pregunta sería: ¿qué es lo que nos caracteriza como libreros?

—Queréis hacer felices a los lectores.

—*Queremos* —puntualizó el biólogo—. Aunque trabajes desde tu casa, tú estás con nosotros en este viaje.

Jonathan sonrió agradecido mientras se pasaba la mano por el pelo rizado, como Aladino sacando brillo a su lámpara.

—Yo no pondría *lalibreriafeliz.com*. Suena a bazar oriental, con todos mis respetos. Además, lo importante no es el espacio, sino lo que se promueve en él —dijo repentinamente inspirado.

—Se promueve la lectura de buenos libros —apuntó Félix.

—Entonces ya lo tenemos: *felizlectura.com*.

—No está nada mal... Aunque más que una librería, suena a una web de lectores.

—Eso es lo mejor que nos puede pasar —repuso Jonathan con entusiasmo—. Las librerías están ahí, y podemos recibir pedidos a través de la web, pero lo que aportará valor a nuestra web es el tráfico de lectores. Cuantas más entradas, opiniones y recomendaciones, mayor será el valor y utilidad de *felizlectura.com*.

—Das por hecho que saldrá ese nombre —sonrió Félix—. Mañana por la noche salimos todos a la bolera para celebrar una buena noticia. Me gustaría que vinieras para proponer ese dominio a los chicos.

—¡De acuerdo! Pero déjame que te explique un poco la razón de ser de este nombre. La librería más feliz del mundo, que es la idea que perseguimos, ha de proponer lecturas que generen satisfacción y el boca a oreja. ¿Y quién mejor que los lectores para recomendarse entre ellos los libros que más les han gustado?

Jonathan se detuvo bajo un enorme plátano que había perdido todas sus hojas. Levantó la mirada hacia el sol que se filtraba por el alto ramaje seco y dijo:

—De hecho, otra posibilidad sería *bocaoreja.com.*

—Sería fácil de recordar —caviló Félix en voz alta—, pero tengo la impresión de que nos aleja de la idea de librería.

—Es posible... ¿Lo acabamos de hablar mañana? —propuso Jonathan.

—¿Qué tal se te dan los bolos?

—Algo mejor que la atención al cliente —repuso con media sonrisa.

24

El vuelo de los gansos

Aquel sábado de celebración eran nueve personas ocupando una de las mesas de la bolera: los seis empleados —uno de ellos el de prueba—, Jonathan, Félix y Simón, que parecía sorprendido ante las risas y la complicidad que había en el grupo. Después de ganar por siete votos el dominio *felizlectura.com*, tomaron una cena a base de hamburguesas y patatas fritas mientras discutían sobre los contenidos que podía tener la web de recomendaciones.

—Sin duda, hay que ordenar las recomendaciones de los usuarios por géneros —propuso Gertrudis—. Así los lectores de nicho, como la romántica o la ciencia ficción, no se verán «contaminados» con reseñas que no les interesan.

—Yo organizaría también un concurso a la mejor reseña —propuso tímidamente Ignacio—. El premio podría ser un lote de libros.

—Los concursos siempre funcionan —opinó Jonathan—. Supongo que los mismos lectores tendrán que puntuar las reseñas, a medida que se van publicando, para saber cuál queda mejor valorada.

Siguieron conversando animadamente hasta terminar la cena y los postres, mientras el informático tomaba nota de las ideas para presentar ya los primeros diseños en un par de semanas. Se habían puesto la ambiciosa meta de estrenar la nueva web el 1 de enero.

Cuando llegó el momento de pasar a la bolera, Simón preguntó algo que había bailado por su cabeza toda la noche.

—Decís que esta es una cena de celebración... ¿Ha pasado algo que yo deba saber?

—Las ventas de la Capitán Flint han subido más de un cincuenta por ciento —dijo Pedro muy orgulloso.

—Eso no es difícil —bromeó Gertrudis—, puesto que veníamos de la nada. En la John Silver hemos crecido un veinticinco por ciento teniendo ya antes muy buena clientela.

—Celebremos los dos éxitos, entonces —dijo Simón un tanto escéptico.

Aún no había cerrado las cuentas del mes de noviembre, pero no parecían augurar muchas alegrías.

—En la empresa más feliz del mundo —declaró Félix—, los problemas se solucionan juntos y las victorias las celebramos también juntos. Somos una tribu con una misma misión. Esto es lo que nos hace poderosos. Me recuerda a un estudio sobre las migraciones de los gansos que hice cuando era estudiante...

—Fascinante tema —se burló amablemente Elena, mientras las primeras bolas empezaban a trastabillar sobre el parquet.

—Más de lo que imaginas... El vuelo de los gansos nos aporta una importante lección. Como el resto de aves migratorias, vuelan cada año miles de kilómetros desde su lugar de crianza en verano hasta su refugio invernal, para regresar meses después al lugar de donde salieron —Félix miró fijamente a Elena, que le estudiaba a través de sus gafas de montura de pasta—. ¿Sabías que los gansos forman bandadas de hasta mil ejemplares que vuelan en forma de uve?

—No. ¿Como la uve de victoria?

—Exacto —le guiñó el ojo—. Los estudios realizados demuestran que ese tipo de formación permite sacar el máximo rendimiento al vuelo de cada ganso. Al batir las alas, el ganso provoca un movimiento en el aire que ayuda al compañero de atrás. Volando los mil de este modo, el avance de la bandada es un setenta por ciento más rápido y eficiente que si cada pájaro volara por su cuenta.

—¿Y qué pasa cuando un ganso se escapa de la bandada?

—Cuando eso sucede, nota de inmediato la resistencia del aire. Se da cuenta de la dificultad de hacerlo solo y vuelve al grupo en el que confía, para aprovechar el poder de los compañeros que van delante y ayudar a los que le siguen por atrás.

*Un entorno de confianza
crea un clima de felicidad en la empresa.*

Confiar en el proyecto que estamos llevando adelante, en la filosofía y valores de la empresa, y en las personas que trabajan en ella, es un ingrediente básico de la empresa feliz.

En lugar de un sistema jerárquico rígido, la confianza se manifiesta dando a cada miembro del equipo autonomía para poder desarrollar sus ideas en el trabajo, otorgando el mismo valor a lo que hace cada uno.

Según el «efecto Pigmalión», las personas se comportan de la forma que esperamos que lo hagan. Es decir: todo ser humano responde a las expectativas que tengamos de él.

Si confiamos en el equipo, en los fundadores de la compañía, en los proveedores y en los clientes, conseguiremos un entorno verdaderamente feliz que genere entusiasmo y pasión.

La confianza no es algo que se pueda dar a medias o en cierto grado. O confías o no confías. Y las empresas felices escogen confiar en aquellas personas que, a su vez, inspiran confianza.

CONFÍA

25

El juego de los aforismos

El 10 de diciembre se puso en marcha la idea de Elena de estamparse camisetas con la mejor frase del libro que estaban leyendo.

Para estimular la curiosidad de los clientes, habían decidido poner solamente bajo cada frase las iniciales del autor. En la pequeña John Silver, la camiseta de Ignacio atrajo las miradas de los primeros lectores de la mañana.

Cierto que casi siempre se encuentra algo,
si se mira, pero no siempre es lo que uno busca.
J.R.R.T.

—¿Es de *El Hobbit*? —preguntó una adolescente ojerosa y con la cara plagada de granos.

—¡Bingo! —la felicitó—. Veo que te conoces de memoria la obra de Tolkien. ¿Tienes también la antología de sus poemas y cartas? Quizá no es lo que buscabas, pero lo has encontrado aquí.

Getrudis sonrió mientras le miraba de reojo. «El nuevo» tenía un talento especial para conectar cualquier consulta con un título que acababa pasando por caja.

Por su parte, ella se había hecho estampar sin rubor una

frase que la había guiado de muy joven, desde que había leído *Mujercitas*.

Hazte digno del amor y este vendrá.
L.M.A.

En la hermana mayor de la John Silver, solo dos de los libreros habían elegido ya su frase. De espíritu romántico algo trasnochado, Pedro había elegido una cita de *La sombra del viento* con la que se identificaba.

Cuando muera, todo lo que es
mío será tuyo, excepto mis sueños.
L.M.A.

La promotora de la iniciativa, Elena, había elegido una frase de *Tokyo Blues*, su novela favorita del escritor japonés de más éxito en Occidente.

Solo aspirando la fragancia de
un libro, tocando sus páginas, me sentía feliz.
H.M.

En los días siguientes, cuando Natalia y Augusto ya tuvieron sus camisetas estampadas, aquel pequeño juego entre ellos y los lectores se haría inesperadamente popular. Los clientes se detenían delante del librero e intentaban adivinar el autor de la cita por sus iniciales. Los más expertos trataban incluso de adivinar la obra y se lo decían con orgullo al librero. En muchos casos, aquella interacción terminaba con la venta del libro, por lo que los encargados del almacén procuraban tener suficiente *stock* de todos aquellos títulos. Una radio local habló de aquella iniciativa, lo cual disparó aún más la afluencia de curiosos a la librería.

Los libreros habían dejado de ser meros vendedores de género. A través de aquellas camisetas que plasmaban un pedazo de su alma lectora, se habían convertido en promesas en forma de libro para ser feliz.

26

El cuarto valor

Una semana más tarde, el equipo completo volvió a reunirse a la hora del almuerzo a petición de Augusto. Desde que había ampliado el campo de batalla, la Capitán Flint parecía bullir de ideas.

—Llamadme sensiblero, pero ahora que falta una semana justa para Navidad, he pensado que los tres valores que hemos fijado para la empresa no son suficientes.

A Félix le gustó que aquel hombre, antes más bien reservado, se atreviera a expresar tan claramente su visión.

—¿Qué valor echas en falta, Augusto?

—Los tres primeros que fijamos hablan de nuestra felicidad y de la de los clientes de las librería, lo cual está bien… Pero hay muchas personas que, por su situación personal, no tienen la oportunidad de entrar en una librería. Creo que deberíamos hacer algo por ellas.

—Me parece una idea formidable —le felicitó Elena.

El resto asintieron mientras la mentalidad científica de Félix se encargaba de clarificar el objetivo:

—¿Qué personas creéis que se podrían beneficiar de los libros y no tienen acceso a ellos? ¿Estamos hablando de proyectos de cooperación con el tercer mundo?

—No hace falta ir tan lejos —dijo Augusto pasándose la

mano por la barba poblada—. En nuestra propia ciudad hay personas que no tienen el privilegio de entrar en una librería para comprar un libro que les haga ilusión, entre muchas otras cosas. Hay una iniciativa en determinados bares llamada «Cafés Pendientes» que promueve dejar pagado un café caliente a los indigentes que pasan frío en la calle. En cuanto a los libros, de entrada —murmuró, pensativo—, me vienen dos colectivos a la cabeza. Los primeros serían los enfermos de larga duración de los hospitales, especialmente personas mayores que están solas y tienen pocas visitas. En los grandes hospitales hay bibliotecas, pero me temo que tienen muy pocos títulos recientes, y eso mantiene a los ingresados lejos de la actualidad literaria y, al final, lejos del mundo.

Un silencio admirativo siguió a esta explicación. Todos estaban emocionados ante aquella idea, aunque faltaba ver cómo vehicularla. La primera propuesta a este respecto fue de Jonathan, que se había unido a la comida para mostrar ya algunos diseños de la nueva web.

—Yo huiría de recoger cajas de libros que los lectores no quieren. Con eso solo lograremos acumular volúmenes que nadie quiere leer, donde puede haber desde un libro de cocina de hace veinte años hasta la segunda parte de una serie sin tener la primera.

—Muy bien visto —intervino Augusto—. Igual que a nuestros clientes les gusta elegir aquello que quieren leer, también los enfermos y los presos deberían tener ese privilegio, y nuestro papel sería, en la medida de lo posible, ayudarles a cumplir su deseo.

—¿De qué manera podemos hacerlo? —preguntó Félix, entusiasmado.

Aquel mediodía, más que ningún otro día desde que había vuelto a «la civilización», se sentía orgulloso de su tribu. Se dijo que era una suerte estar en un grupo humano del que había salido una iniciativa como aquella en su tiempo libre.

—Voy a barrer para casa —anunció Jonathan—, pero una vía está bien clara: crear una sección en *felizlectura.com* donde estas personas especifiquen qué libro desearían conseguir, dando oportunidad a otras para regalárselo.

—Pero no debe estar solo en la web —dijo Gertrudis—. Si tenemos cinco peticiones, por ejemplo, exponemos esos títulos en la tienda y les añadimos la nota de cada persona que los ha pedido. Si los ponemos cerca de la caja, seguro que junto a su compra más de un cliente costeará el deseo de alguien que no puede acudir a la librería.

—Me parece una idea fantástica —dijo Félix, cada vez más emocionado—. Quedará por resolver cómo hacemos llegar ese libro a la persona que lo necesita, pero es un tema menor de logística. Ahora me gustaría que plasmáramos como valor lo que acabamos de hacer alrededor de esta mesa.

Entre todos fueron dando forma al que se convertiría en el cuarto valor de la empresa más feliz del mundo:

Nos gusta dar un sentido a nuestro trabajo.

27

El experimento Loewenstein

Los días siguientes, Félix experimentó una sensación de vértigo al tomar conciencia de todas las cosas que se estaban moviendo al mismo tiempo. Después de treinta años de letargo, las dos librerías eran un semillero constante de iniciativas, y su miedo era que acabaran desbordados justo durante aquellas frenéticas semanas del año.

En la cocina del pequeño piso que acababa de alquilar, tomó nota de todos los procesos que tenían en marcha:

1. *Renovación de la Capitán Flint (grandes retratos de autores; nuevo espacio para clubs de lectura, en funcionamiento desde diciembre).*
2. *Fijar los valores de empresa (4).*
3. *Reubicación de todos los empleados para que disfruten de nuevas experiencias (de momento, con éxito).*
4. *Integración de una nueva persona en el equipo (Ignacio, a una semana de concluir el periodo de pruebas).*
5. *Iniciativa solidaria para llevar las novedades literarias a quienes no pueden disfrutarlas.*

Mientras sorbía su té a la menta, el biólogo se dijo que de haber estado allí, Simón le habría criticado que entre los objetivos que se iban cumpliendo no estuviera el de mejorar la economía de la empresa.

Sin embargo, Félix había aprendido de los umeni que, cuando se practica el bien común, la abundancia llega como consecuencia natural. No se podía invertir ese orden.

En lugar de decir: «Vamos a ver qué hacemos para ganar dinero», prefería decir: «Vamos a ver qué hacemos para generar valor», porque esto último atraería a los clientes, que acabarían alimentando la cuenta de resultados de la empresa.

Mientras reflexionaba sobre todo esto, Félix leyó la página de un libro que le había recomendado Augusto, *Una vida de fábula*, donde la autora, Elena Mateos, comentaba un experimento parecido al que acababan de poner en marcha en el momento más ajetreado del año:

Entre los años 2005 y 2010, el economista norteamericano George F. Loewenstein centró sus investigaciones en los efectos emocionales que producen dos actitudes contrapuestas: la codicia y la generosidad. Como punto de partida, seleccionó a 60 personas de diferentes edades, sexos, razas y profesiones. A su vez, los participantes de este experimento sociológico fueron divididos en dos grupos de 30 personas. Todos recibieron 6.000 dólares (unos 4.520 euros). A los miembros del primer grupo se les pidió que en un plazo de dos meses se gastaran el dinero en regalos para ellos mismos. Mientras que a los integrantes del segundo grupo se les dijo que usaran los 6.000 dólares en regalos para otras personas.

Dos meses más tarde se obtuvieron resultados opuestos. La satisfacción de los miembros del primer grupo había durado relativamente poco. Según las conclusiones, tras el placer y la euforia inicial que les proporcionaba comprar, utilizar y poseer determinados bienes de consumo, los participantes enseguida volvían a su estado de ánimo normal. Con el paso de los días, algunos incluso empezaban a sentirse más tristes, vacíos y decaídos por no poder mantener la excitación conseguida con el consumo.

Por otro lado, los miembros del segundo grupo se habían sentido mucho más satisfechos y plenos que los del primer grupo. El hecho de pensar de qué manera podían utilizar el dinero para beneficiar a los demás, ya era motivo suficiente para que los participantes experimentaran un bienestar interno.

La mayoría utilizó los 6.000 dólares para regalar viajes; pagar matrículas universitarias; hacer donaciones a entidades sin ánimo de lucro, repartirlo entre mendigos o saldar una deuda contraída por algún familiar. Una vez entregados los regalos, el hecho de sentir la alegría y el agradecimiento de otras personas provocaba en los participantes una intensa sensación de plenitud, que permanecía horas y días, según Loewenstein.

La conclusión era clara, pensó el biólogo: para crear la empresa más feliz del mundo era necesario que su espíritu positivo traspasara los límites de la propia librería y así darles a todos un sentido profundo.

El objetivo último de una empresa es mejorar la sociedad donde trabaja.

La autoestima de cada persona va estrechamente ligada a su sentimiento de utilidad para con el mundo. A todos nos gusta ver cómo nuestra actividad mejora la vida de los demás. Por eso, la empresa más feliz del mundo debe tener como objetivo generar valor para todos: desde los clientes a las personas que trabajan en ella.

Usando una expresión de Stephen Covey, el *win-win* es la mejor fórmula para el éxito porque implica un beneficio para todas las partes.

Por eso, lograr el bien común es un poderoso *drive* para cualquier proyecto empresarial.

Como decía Pau Casals en uno de sus discursos más famosos: «Debes trabajar —todos debemos trabajar— para que el mundo sea digno de nuestros hijos».

MEJORA LA SOCIEDAD

28

La noche de Navidad

La noche del 24 de diciembre, Félix se dio cuenta de algo en lo que no había reparado hasta entonces. Ocupado en reflotar las librerías —las ventas estaban creciendo exponencialmente— había olvidado que estaba solo en la velada más familiar del año. Tras la muerte de su padre, con quien apenas había tenido relación, sus únicos familiares vivos eran tíos y primos que vivían en otras ciudades. Por lo tanto, más allá de sus compañeros de trabajo, aquella Navidad la pasaría solo.

Mientras calentaba un cuarto de pollo asado en el microondas, Félix sintió nostalgia de su vida con los umeni. Para ellos era impensable estar solos, porque todo lo hacían juntos. Sin duda, se habrían compadecido de él de saber que pasaría aquella noche tan especial sin otra compañía que el televisor y el equipo de música.

Después de hacer un poco de zapeo, acabó apagando la tele y puso un disco de Ella Fitzgerald mientras miraba las estrellas desde el sofá, aprovechando la noche despejada. El ático que había alquilado tenía poco más de 30 metros cuadrados, pero le compensaban las vistas a aquel cielo infinito.

La cantante de Newport entonaba en aquel momento la sinuosa *Dream a Little dream of me* cuando el sonido de una campanilla le avisó de que acababa de entrar un whats-app en su móvil.

Con los ojos entrecerrados, Félix esperó a que terminara la canción antes de ver quién le había escrito.

ELENA
Sé que suena a tópico, pero… ¡Feliz Navidad!
Espero que tengas una bonita
celebración con los tuyos.

FÉLIX
¡Feliz Navidad! No sé si es
bonita o no, pero estoy celebrando
la Navidad conmigo mismo.

ELENA
¡Oh!
☹

FÉLIX
Bueno, conmigo mismo y una bella
muchacha de la América profunda:
Ella Fitzgerald.

ELENA
Eso suena bien ☺ Si te sirve de consuelo,
yo también estoy celebrando
la Nochebuena casi sola.

FÉLIX
¿Casi?
¿Qué significa eso?

ELENA
Estoy en casa de mi madre, solo las dos,
pero ella no sabe que yo estoy aquí. Bueno,
a ratos sí que lo sabe. Cuando le tomo
la mano, a veces sonríe y por el brillo de
sus ojos sé que recuerda algo.

Al leer esto, él sintió que se le humedecían los ojos. En primer lugar, porque también él había acompañado a su madre en una lenta agonía, antes de viajar al Amazonas. En segundo lugar, porque se daba cuenta de que aquella chica le gustaba mucho más de lo que estaba dispuesto a reconocer.

FÉLIX
Lo sabe todo el tiempo, Elena. Aunque tenga
Alzheimer avanzado, si es el caso. A su manera,
tu madre se da cuenta de que estás
con ella y eso la hace feliz.

FÉLIX
¿Sigues ahí?

ELENA
Sí. Disculpa, es que me había emocionado.
Por cierto, he tenido una idea.

FÉLIX
¿Es formidable? Me estoy acostumbrando
a consumir solo esta clase de ideas.

ELENA
No sé si es formidable o no, pero seguro
que pensarás que estoy loca.

FÉLIX
Dispara…

ELENA
¿Quieres venir a pasar la
Nochebuena con nosotras?

29

Mano con mano

El apartamento que Elena compartía con su madre se hallaba en la parte alta de la ciudad. Tras helarse casi media hora en la calle esperando un taxi, Félix logró llegar a aquella singular fiesta a la que había sido invitado.

Madre e hija, que debían llevarse casi cuarenta años, estaban juntas en el sofá frente al televisor encendido. En aquel momento, un canal alemán mostraba la celebración de la Navidad en lugares remotos del mundo, de Siberia a Tahití pasando por una inaccesible aldea de los Andes.

La anciana parecía hipnotizada ante aquella sucesión de imágenes idílicas con fuegos encendidos y niños cantando. Las facciones de su cara, sin embargo, eran rígidas como las de una figura de piedra. Sentada a su lado, Elena tenía un ejemplar de *El corazón es un cazador solitario* con las gafas apoyadas encima.

Tras darse dos besos y decir a su madre que había un invitado en casa, a lo que la mujer reaccionó con un leve movimiento de cabeza, la joven librera le hizo sitio en el sofá.

—Hace tiempo que no veo la tele en familia —bromeó Félix—. Desde que mi madre murió, lo más similar que he hecho es mirar el fuego con los nativos del Amazonas.

—Más o menos lo que hacemos nosotras. Mi madre no entiende lo que sale por la tele, y yo casi tampoco. Es como un fuego digital que nos alumbra para sentirnos menos solas esta noche.

Una extraña emoción recorrió el pecho de Félix al oír estas palabras. Para ocultar su nerviosismo, fue a la cocina a abrir la botella de cava que había traído. Luego llenó las tres copas vacías que descansaban sobre la mesita frente al sofá.

En una repisa sobre la ventana, un árbol de Navidad diminuto se encendía y apagaba acompasadamente.

—Ya me arrepiento de haberte hecho venir —dijo Elena—. No somos la alegría de la huerta, ya lo ves.

—Me encanta estar aquí, de todo corazón. Mucho mejor que solo en mi casa. Seguramente, a esta hora ya estaría durmiendo.

Elena sonrió antes de decir:

—Y harías bien. Disculpa que te haga esta pregunta Félix, pero hace días que la tengo en la cabeza... ¿Tú eres feliz?

—Pues no sé qué contestar —repuso abrumado—. Depende del día, supongo.

—Con tu nueva vida, quiero decir —se interesó ella—. Por lo que cuentas de Brasil, te encantaba tu vida allí, la investigación en tu pequeño laboratorio... ¿No te arrepientes de haber tomado las riendas del negocio de tu padre?

—En absoluto —dijo tras beber un poco de espumoso—. No hay mejor lugar para mí que esta aventura que hemos emprendido juntos, del mismo modo que no hay mejor Nochebuena que la que vivo ahora y aquí.

—¿De verdad? —dijo muy sorprendida—. ¿Qué tiene esta Nochebuena de... buena?

Félix tomó aire antes de confesar:

—Ahora que no estamos en la librería ni en ninguna reunión de trabajo, sino que soy solo un invitado en tu casa, puedo decirlo: lo bueno de esta fiesta, en mi caso, es estar sentado a tu lado. Eso es más que suficiente para mí.

Como toda respuesta, Elena le tomó la mano y se la apretó cálidamente.

En aquel momento, la anciana empezó a balbucear, reclamando una atención que hacía rato que no le prestaban.

Su hija escuchó admirada cómo, al ver una fiesta en Salvador de Bahía en la televisión, decía claramente:

—Hay gente... Mucha gente.

Elena tomó con cuidado la mano pequeña y encogida de su madre, mientras su otra mano seguía unida a la de Félix. Una lágrima resbaló lenta y temblorosa por su mejilla.

Félix sintió que en aquella balsa en forma de sofá, en medio del océano del mundo, los tres estaban unidos en una danza inmóvil tan antigua como el tiempo.

30
El rompecabezas de la felicidad

Al regresar a su ático de madrugada, Félix no conseguía conciliar el sueño. Un sentimiento muy fuerte estaba creciendo dentro de él sin que pudiera hacer nada para evitarlo. Y lo peor de todo era que tenía miedo.

Antes o después revelaría a Elena su amor y su respuesta sería para él como el juicio final. No se había enamorado desde los tiempos en la universidad y, tras un inicio muy prometedor, la relación enseguida se había marchitado. «Somos demasiado distintos», le había dicho aquella chica al romper definitivamente. ¿Debía pensar lo mismo de él Elena? Aunque era obvio que le tenía simpatía, ¿lo veía como un bicho raro que encajaba mejor en una aldea perdida de la selva?

Un tintineo de su móvil le dio la esperanza de que le hubiera escrito, pero no era ella.

Feliz Navidad, Félix.
Muchas gracias por ayudarme a encontrar mi pasión.
Siento cada vez más que este es mi camino.
¿Sabes? Siempre había temido ser freelance,
por si no era capaz de organizar mi propio trabajo y vivir de él.
Ahora entiendo que era un miedo injustificado.

He aprendido que casi todo lo que sucede depende de mí.

Y de las personas fantásticas que nos acompañan en el camino, por supuesto.

Como vosotros, Félix.

Gracias por ayudarme a hacer lo que siempre había querido pero no lo sabía.

¡Abrazos!

JONATHAN

Tras agradecerle cariñosamente aquellas palabras tan amables y desearle también felices fiestas, Félix se enterró bajo dos mantas y tomó de la mesita un libro de cuentos. Antes de intentar dormir, leyó una fábula moderna de autor desconocido.

Tenía como protagonista, justamente, a un científico que vivía preocupado por los problemas del mundo. Decidido a encontrar cómo solucionarlos, se pasaba días enteros encerrado en su laboratorio, como él había hecho en el Amazonas, empeñado en dar con las respuestas.

Un día, su hijo de siete años entró en el laboratorio y dijo que quería ayudarle a trabajar. Irritado con aquella interrupción, el científico le pidió al niño que se fuese a jugar a otro lado. Al ver que era imposible convencerlo, el padre ideó un entretenimiento para distraer al pequeño y poder seguir trabajando. Con unas tijeras, recortó un mapa impreso que encontró en una revista y le entregó los pedazos a su hijo.

—Dado que te encantan los rompecabezas, aquí tienes la imagen rota del mundo. A ver si eres capaz de repararlo tú solo...

El científico calculó que el niño tardaría muchas horas

en recomponer el mapa, porque lo había cortado en trocitos muy pequeños, pero al cabo de poco su hijo le plantó la hoja sobre la mesa y exclamó entusiasmado:

—¡Papá, ya he terminado!

—Eso es imposible...

Convencido de que el niño sería incapaz de recomponer un mapa que no había visto antes, el científico levantó los ojos de sus notas y examinó el rompecabezas unido con cinta adhesiva.

Para su asombro, descubrió que el mapa estaba completo y sin error alguno. Entonces dejó lo que estaba haciendo y preguntó al pequeño:

—Hijo, ¿cómo has podido reconstruir tan rápido el mundo sin saber cómo era?

—Es cierto, papá. No sabía cómo era el mundo que recortaste, pero en la otra cara de la hoja había la figura de un hombre. Por eso, di la vuelta a los recortes y comencé a pegar los pedacitos del hombre, que sí sabía cómo era. Al terminar, he girado la hoja y he descubierto que también he arreglado el mundo. ¿No es genial?

Félix apagó la luz con el agradable sentimiento de que la noche no era tan fría. Ningún hombre se siente solo cuando tiene la oportunidad de ayudar a otro, se dijo antes de dormir.

31
La nominación

El último sábado del año llegó con dos noticias contradicto-
rias. La primera fue la sorpresa de que John Silver & Capitán Flint habían sido nominadas en conjunto como «mejores librerías» del país por una publicación especializada.

—El once de enero saldrán los resultados definitivos —explicó Félix a Gertrudis en una visita a la hermana menor de las
dos librerías—, y sabremos si podemos seguir celebrando.

—Yo tengo una noticia no tan buena —anunció Jonathan,
que estaba poniendo a punto el sistema de búsqueda de la librería pequeña—. Mirad el gráfico de este mes de diciembre.

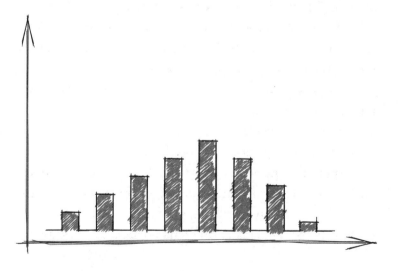

—¿A qué crees que se debe este descenso en el grado de satisfacción? —preguntó el biólogo a Ignacio, que iniciaba de forma prometedora los últimos tres meses de prueba.

—Como nuevo en esta nave, mi opinión es que están agotados por todas las iniciativas que hemos empezado, además de la intensidad propia de la campaña de Navidad.

—Ahora contesta con sinceridad: ¿tú te sientes agotado?

—No, pero hace poco más de tres semanas que trabajo aquí... —dijo encogiéndose de hombros—, y los demás llevan todo el año en la librería y, al llegar a estas fechas, es normal que las fuerzas empiecen a flaquear.

Gertrudis intervino en este punto:

—Pues no podemos bajar los brazos hasta el día de Reyes —dijo enérgica—. Hay aún muchos libros por vender. Ya descansaremos a partir del siete de enero, con permiso de las devoluciones...

—Para eso faltan casi diez días... —murmuró Félix—. Tenemos que airearnos antes, no sea que nos quedemos sin aliento. ¿Mañana domingo está previsto abrir?

—Por la tarde, sí —informó Ignacio—, estamos en plena campaña de Reyes. Y hemos previsto dedicar la mañana del domingo a organizar un poco las existencias.

—Pues las existencias ya las organizaremos a partir del lunes. Vamos a hacer una excursión de medio día para relajarnos. ¿Os parece bien?

Ignacio y Gertrudis levantaron el pulgar. Jonathan anunció que se unía al pequeño descanso fuera de la ciudad. Acto seguido, llamaron a los compañeros de la Capitán Flint. Todos estuvieron de acuerdo en que el mundo no se acabaría si el siguiente domingo por la mañana la librería no abría sus puertas.

· 10ª CLAVE ·

Los valores de una empresa feliz deben
estar alineados con las personas que trabajan en ella.

———————

Además de progresar juntos para conseguir el mayor grado posible de creatividad, excelencia y efectividad, los valores que transmite una empresa deben coincidir con los de las personas que la conforman para que estas puedan ser felices.

Una persona pacifista nunca se sentirá a gusto en una industria de armamento o en un banco que invierte en esa clase de negocio. Alguien sensible con los derechos de los niños no podrá trabajar de forma honesta en una empresa que tiene fábricas en el tercer mundo con menores.

Compartir una ética y unos valores comunes es indispensable para la felicidad en todo aquello que hacemos con otras personas.

Roy E. Disney, el último miembro de esta familia en implicarse en la empresa fundada por su padre y su tío, afirmaba que: «No es difícil tomar decisiones una vez sabes cuáles son tus valores».

ALINEA TUS VALORES CON
LOS DE TU EMPRESA

32

Ideas en remojo

Excepto Simón, que soportaba mal el frío intenso de finales de diciembre, a la mañana siguiente los ocho salieron en dos coches hacia un balneario en medio de las montañas. Se encontraba a cuarenta kilómetros de la ciudad y, como mucho, podrían pasar un par de horas en las aguas termales antes de almorzar juntos y emprender luego el regreso, pero a todo el mundo le pareció que podía ser una experiencia refrescante.

—Y tan refrescante —se quejó Augusto al salir del coche—. Como que debemos de estar a varios grados bajo cero.

Tras tomar en el mostrador sus toallas y albornoces, salieron de los vestuarios de hombres y mujeres para sumergirse juntos en una piscina natural alimentada por fuentes subterráneas.

—¡Santo cielo! —gimió Pedro al sentir el agua a 36 grados—. Me hacía falta algo así después de tantas semanas detrás de la caja. No solo de libros vive el hombre…

Mientras, el resto se relajaba nadando por el agua sulfurosa, haciendo el muerto o jugando a hundir a sus compañeros. Cuando terminaron las persecuciones y las risas, los ocho quedaron en un estado tan placentero que casi invitaba al sueño. Aprovechando aquel clima de distensión, Ignacio se atrevió a preguntarle a Félix:

—¿Qué esperáis de mí los siguientes tres meses?

—Tienes que enamorarnos —bromeó el biólogo.

—Eso está hecho —añadió Gertrudis—. Yo espero que sepas manejar los seis clubs de lectura que están programados para el primer trimestre del año.

Ignacio se hundió en las aguas como toda respuesta. Segundos más tarde reapareció entre Natalia y Elena, que se hicieron las asustadas al verle emerger.

Tras una breve conversación, esta última nadó lenta y perezosamente hasta situarse al lado de Félix, que no ocultó su alegría al verla llegar.

—Ha sido una idea genial venir aquí a pasar unas horas —dijo ella—. Esto nos cargará las pilas hasta el final de la campaña.

—No he elegido yo el lugar, sino Pedro. Él viene aquí una vez al año con su esposa para celebrar su aniversario de bodas. Al parecer, hizo el banquete aquí mismo.

—Es genial que sigan viniendo desde entonces —opinó Elena—. Debe de ser muy bonito ver cómo pasan los años y las décadas y la persona que quieres sigue a tu lado.

—Hay que aspirar a eso.

—Sí, pero es tan difícil…

Con las cabezas asomando fuera del agua, cubiertas con gorros, los dos se miraron muy fijamente y sonrieron con timidez.

—También parecía difícil salvar las librerías, y ayer me decía Simón que vamos a cerrar el año mucho mejor de lo previsto —dijo Félix—. No hay nada fácil ni difícil en sí.

Somos las personas las que hacemos que sea de una manera u otra.

—¿Y tú qué has decidido hacer? —preguntó ella de sopetón.

—¿A qué te refieres?

—Al amor, por supuesto.

Justo entonces llegó braceando Jonathan, que llevaba una propuesta de trabajo en el momento más inoportuno.

—Chicos, ya sé cómo podemos lograr que antes de un año *felizlectura.com* sea el blog de libros más influyente. Tendremos reseñas y videorreseñas de los lectores con canal de Youtube, para así sumar a nuestra web sus propios seguidores —explicó muy agitado—. También crearé una sección llamada «Yo estuve allí», solo para los asistentes a nuestros clubs de lectura. Y, por último, un «Grandes éxitos» de todos los tiempos con los libros que pueden cambiar tu vida. Esto lo tengo ya casi listo.

—Quedan solo cuatro días para acabar el año —murmuró Félix, fastidiado por aquella intromisión.

—Lo sé y, a no ser que un rayo destruya mi estudio y mi ordenador, la web estará a punto.

33

Libros que cambian la vida

Felizlectura.com subió a la red, a modo de prueba, un día antes de empezar el nuevo año. Desde todos los ordenadores de la Capitán Flint y la John Silver, dado que aún no había reseñas ni comentarios, a todos les llamó la atención la sección «Grandes éxitos que no pasan de moda» que había diseñado Jonathan.

Como editor del blog, se había marcado como objetivo para el nuevo año leer o releer estos diez títulos:

1. EL HOMBRE EN BUSCA DE SENTIDO

Viktor Frankl

Un relato inolvidable sobre el poder de elección que tenemos,
incluso bajo las peores circunstancias.

2. EL PRINCIPITO

Antoine de Saint-Exupéry

Da igual que ya lo leyéramos cuando éramos pequeños.
Desde la madurez, esta obra esencial es un análisis lúcido
y revelador sobre la condición humana y el amor.

3. TAO TE CHING

LAO-TSÉ

Libro fundacional del taoísmo, cuyos poemas de infinitas interpretaciones encierran la mejor sabiduría de Oriente.

4. DON QUIJOTE DE LA MANCHA

MIGUEL DE CERVANTES

No solo es una novela de lenguaje riquísimo
y rocambolesca en sus situaciones y lances.
Es también una lección magistral sobre la fuerza de los idealistas.

5. CÓMO HACER AMIGOS E INFLUIR SOBRE LAS PERSONAS

DALE CARNEGIE

No es literatura, pero es un manual muy práctico
para lograr la excelencia en las relaciones humanas.
Se publicó por primera vez en 1936 y…
¡sigue siendo tremendamente útil!

6. SIDDHARTHA

HERMANN HESSE

La mejor introducción a la filosofía del budismo,
entre otras tradiciones de Oriente,
contado con la sencillez de una novela juvenil.

7. LOS SIETE HÁBITOS DE LA GENTE ALTAMENTE EFECTIVA

STEPHEN COVEY

Un clásico moderno para entender el *management* para la empresa
y para la propia vida. (Tenía que ocupar el número siete.)

8. DAR GRACIAS A LA VIDA

JOHN DEMARTINI

Un libro de autoayuda para entender el poder de la gratitud
y su capacidad para transformar cada aspecto de nuestra vida.

9. EL DIARIO DE ANA FRANK

ANA FRANK

Además del diario más célebre del mundo es una emotiva muestra
de la resistencia de la pureza y la bondad en los peores tiempos.

10. LA BUENA SUERTE

ÁLEX ROVIRA & FERNANDO TRÍAS DE BES

Esta fábula sobre la creación de circunstancias favorables ilustra
de manera muy sencilla y gráfica las actitudes que marcan
la diferencia para acometer cualquier proyecto vital.

11. CONVERSACIONES CRUCIALES

K. Patterson, J. Grenny, R. McMillan, A. Switzler

Un manual muy eficaz para comunicarnos de forma asertiva, tanto en la vida personal como en la profesional.
Toda empresa o pareja que quiera ser feliz debería tenerlo como libro de cabecera.

34
Doce

Aquella Nochevieja, Félix estaba más nervioso que la mañana en que aterrizó con un hidroavión en la selva donde acabaría quedándose dos años. Aprovechando que un familiar lejano había venido a cuidar de su madre, Elena le había propuesto que pasaran juntos la última noche del año... y la primera del siguiente.

Mientras caminaba por el bulevar iluminado con las manos en los bolsillos, Félix pensó que su futuro se decidía aquella noche. Se había animado a dar el paso y, si ella le rechazaba, le costaría mucho recuperarse de aquel golpe. En ese caso, lo mejor sería dejar las librerías en manos del equipo, que de hecho ya no le necesitaban, y volver a su laboratorio en el Amazonas.

A falta de media hora para las campanadas, Elena le esperaba delante de una churrería donde una docena de jóvenes tomaban fuerzas a base de chocolate caliente y pastas. Para recibir el nuevo año, llevaba un abrigo rojo con la boina del mismo color. Le recibió con un abrazo que disparó el corazón de Félix, que ya cavilaba sobre qué momento de la noche sería el más oportuno para mostrar lo que sentía por ella.

Su pequeña mano enfundada en un guante de lana buscó la suya para caminar en dirección a la plaza central. Bajo el gran reloj del ayuntamiento, los ciudadanos que desafiaban al frío dirían adiós a ese año a la vez que saludaban el siguiente.

—¿Has hecho balance ya? —le preguntó ella mientras paseaban bajo las luces—. De este año, quiero decir.

—La verdad es que no sabría por dónde empezar. Han sucedido tantas cosas... Tuve que abandonar mi proyecto farmacéutico tras la muerte de mi padre, hacerme cargo de un negocio que estaba tocado de muerte y que, además, desconocía totalmente.

—Pues has pasado la prueba con buena nota.

—¿Tú crees?

—Los compañeros de las dos librerías lo pensamos —dijo convencida.

—Pues yo tengo la sensación de que lo habéis hecho todo vosotros —se sinceró Félix—. Mi único mérito ha sido ver el talento que había en cada uno para que hiciera lo que mejor sabe hacer.

—Nos has devuelto la pasión, eso lo ha cambiado todo. Pero... ¿de verdad quieres terminar el año hablando de trabajo?

—¡La verdad es que no!

—Pues entonces, dime qué propósitos te has hecho para este año que entra... —le pidió ella—. Y que no tengan que ver con el trabajo.

—Aquí voy a decepcionarte...

—Seguro que no.

—Seguro que sí, porque soy muy poco original —reconoció—. Me he propuesto comer más sano cocinando yo mismo. Hacer deporte tres veces por semana. Pasar cada domingo en el campo para purificarme... Cosas así.

—¿Y tú?

—Tengo un solo deseo para este año que entra, pero te lo contaré después de las campanadas... ¡Esto empieza en nada!

Efectivamente, en medio de la multitud excitada vieron que el reloj del ayuntamiento marcaba las doce menos un minuto. Muy pronto llegaría el ritual que daba cierre a un año para iniciar el siguiente.

—¿Has traído las uvas? —preguntó Elena.

—No... ¿tenía que traerlas? —dijo apurado.

—Yo pensaba que las comprabas tú.

—Pues no...

El reloj empezó a tocar los cuartos entre los chillidos nerviosos de los presentes, que llevaban sus bolsitas de uvas y ya descorchaban botellas de cava.

—Vamos a tener mala suerte —protestó ella—. A no ser que sustituyamos las uvas por otra cosa.

—¿Qué cosa? —preguntó Félix, confundido.

Cuando resonó la primera campanada y Elena le plantó un beso en los labios, de repente él supo de qué se trataba.

35

La librería más feliz del mundo

Pese a que el 11 de enero era lunes, los seis empleados de las librerías celebraron un gran almuerzo de gala junto con Félix, Jonathan y Simón, que presidía la mesa con mirada orgullosa. Habían pedido un *catering* para que el almuerzo pudiera tener lugar en la Capitán Flint, porque aquella no era una fiesta como las otras.

Rodeados de miles de libros y con la música de jazz que sonaba en la John Silver, el biólogo fue el primero en hablar en forma de acertijo.

—Verdaderamente, tenemos muchos motivos de celebración, pero me gustaría que cada uno de vosotros dijera cuál cree que es el que nos ha reunido aquí.

Tras un silencio emocionado, Natalia decidió ser la primera en romper el hielo:

—Celebramos que, después de tanto tontear, por fin has roto el hielo con Elena.

Una larga ovación siguió a estas palabras, que provocaron un cambio de color en las mejillas de la aludida. Pese a la vergüenza que sentía, tomó la mano a Félix.

El segundo turno de palabra fue para Ignacio, que siguió con el tono de broma de su compañera:

—Celebramos que, aunque todavía no he pasado los tres

meses de prueba, ya os habéis enamorado de mí y me queréis fijo en la empresa hasta que dure la pasión y el entusiasmo.

Un nuevo aplauso puso fin a su intervención.

—Ahora dejadme hablar a mí —intervino Simón—. Estoy a cargo de los números, que eso nunca engaña, y puedo decir que el pasado mes de diciembre las ventas han ascendido más del cincuenta por ciento respecto al mismo periodo del año anterior. —El gestor hizo una pausa antes de continuar—. Y la cuesta de enero no ha arrancado mal. Se siguen vendiendo libros y dependemos mucho menos de la póliza de crédito. Nuestros números se están saneando.

—Eso, ¡bien limpitos! —se atrevió a decir Pedro, que estaba achispado tras el primer vaso de vino.

Cuando las risas se hubieron extinguido, tomó la palabra Félix, que se puso de pie y declaró:

—Hoy me siento especialmente orgulloso de estar junto a vosotros. Lo he estado desde el primer día que pisé estas librerías pero, aquí, y ahora, aún más, porque acabamos de recibir una noticia.

Se hizo un gran silencio mientras Félix sacaba de su bolsillo una hoja impresa y la desplegaba para leer:

—El índice más importante de empresas culturales, en su lista de «Mejores librerías» para el año que empieza, ha publicado que en la categoría de pequeñas y medianas compañías ocupamos el puesto… ¡número uno! Cientos de clientes nos han elegido como la librería del país con una mejor experiencia para el lector. ¿No es fabuloso?

Un «¡hurra!» colectivo estalló en la gran librería, tras lo cual los nueve tripulantes de la nave empezaron a brindar y a repartirse besos y abrazos.

En medio de aquel ambiente de fiesta y de «misión cumplida pero no terminada», Simón se acercó a Félix y le entregó un voluminoso sobre de papel crema. Tras hacerle un gesto enigmático para que lo guardara para más adelante, regresó a su sitio.

Mientras se preguntaba qué debía de contener ese sobre, Félix le dio un rápido beso y le dijo:

—Ahora sí podemos decir que somos la empresa más feliz del mundo.

Epílogo:
desenterrar el tesoro

Al abrir el sobre, Félix sintió que tenía en sus manos el mayor botín imaginable: ¡una edición de *La isla del tesoro* de 1883!

Lleno de asombro, mientras pasaba con cuidado las hojas amarillentas, descubrió justo antes del primer capítulo un tesoro aún mayor: una hoja doblada y escrita por su padre. Félix sintió cómo se le humedecían los ojos mientras leía aquellas líneas escritas mientras él se encontraba a miles de kilómetros de allí.

Querido hijo:

Dejo esta carta a Simón para que te la haga llegar en el momento que considere más oportuno. Sé que antes tendrás mucho trabajo con el desorden que dejó tu padre en este mundo.

Después de que yo haya emprendido el viaje final, navegará hacia ti dentro de la primera edición que se hizo de la novela de Stevenson.

Ahora que siento que mis días se acaban, quiero legarte estas líneas para que las leas cuando la marea baje de nuevo. Así podrás conocer un par de cosas que nunca te he explicado.

Tal vez aún te preguntes por qué un hombre tan poco aventurero como yo quiso abrir dos librerías y les puso los nombres de dos personajes de *La isla del tesoro*.

Intentaré responder a estas preguntas.

Elegí este negocio, que dejo a punto de hundirse, porque un libro es el único objeto que te puede devolver la vida. Digo «devolver» y no «salvar» porque nada ni nadie podrá nunca salvarte por ti. Cada persona es capitán de su propio navío. Lo que sí pueden hacer las páginas de un libro es devolverte la ilusión, que es el viento de la vida, y la inspiración cuando atravieses una tempestad.

Yo elegí vender inspiración y tomé la novela de Stevenson para bautizar los dos locales, porque siempre he considerado que cada librería es una isla del tesoro. El lector desembarca en ella con la esperanza de desenterrar aquello que necesita para dar impulso y prosperidad (en todos los sentidos) a su vida.

Mi timidez enfermiza y mi carácter melancólico no me dejaron transmitir estos valores a mi tripulación, del mismo modo que no supe inspirarte a ti cuando más lo necesitabas.

Tengo la suerte de saber que eres mejor que yo en eso y en casi todo.

No dudes de que te he querido, aunque no te lo haya sabido expresar hasta hoy, cuando ya es demasiado tarde.

Ahora que estás tú al mando, sé que sabrás tender la mano a los tuyos para avanzar juntos hacia la isla de la felicidad.

¡Feliz travesía y no dejes nunca de perseguir tus sueños!

Félix suspiró mientras guardaba la carta en su cofre literario. Dejó que las lágrimas siguieran su curso, a la vez que pensaba en aquella inesperada despedida por parte de su padre. Una lección llena de belleza e inspiración por parte de aquel hombre a quien hubiera deseado conocer mejor.

Perseguir los sueños más bellos con nuestros compañeros de nave, pensó Félix, ese sería su lema a partir de ahora.

No hay mayor tesoro que el que se puede compartir con el mundo entero, pero la búsqueda empieza dentro de uno mismo.

11ª CLAVE

La empresa más feliz del mundo eres tú.

Muchas personas gestionan su vida como si fuera algo externo a ellos. Vinculan su felicidad a que aparezca la pareja que buscan, a encontrar un trabajo soñado o a la mejora de la economía, sin darse cuenta de que cada ser humano tiene el mando sobre su propia vida.

El pensador norteamericano H. D. Thoreau decía que «no hay valor en la vida excepto lo que eliges poner en ella, y no hay felicidad en ningún lugar excepto la que llevas tú mismo».

Cuando pilotamos nuestra existencia como el capitán de una nave, fijando nuestro rumbo y eligiendo bien a nuestros compañeros de viaje, asumimos la responsabilidad sobre todo lo que nos sucede.

Cada persona es una empresa con sus activos, su misión y su cuenta de resultados, pero para conocer el verdadero éxito debe poner por delante de todo la conquista de su felicidad y la de los demás.

LA EMPRESA FELIZ ESTÁ EN TI

Si quieres construir un barco,
no empieces por buscar madera,
cortar tablas o distribuir el trabajo.
Evoca primero en los hombres y
mujeres el anhelo del mar.

ANTOINE DE SAINT-EXUPÉRY

Agradecimientos

Probablemente una de las afirmaciones que me ha acompañado durante más años es la pronunciada por Cicerón: «*La gratitud no es solo la mayor de las virtudes, sino la madre de todas las demás*».

Considero que cada persona y momento nos aportan algo por lo que estar agradecidos, y me gustaría extender este agradecimiento a todas la personas que he conocido y de alguna forma u otra me han ayudado a crear el libro *La empresa mas feliz del mundo*.

En particular, me gustaría empezar por mi familia por su tiempo y amor: Paloma, Marco y Ainara. A mis padres, Ginesa y Pedro, y a Marta y Tamotsu, por confiar en mí y empezar juntos Cyberclick.

A todas las personas con las que he trabajado en Cyberclick, en particular a Sergi, Sol, Ana, Sergio, Estela, Berta, Toni, Nerea, Héctor, Judit, Kelly, Laia y Anna. A los emprendedores del grupo Alberto y Sonia, Xavi, Jordi y Pau y al resto del grupo Cyberclick, integrado por Albert, Alejandra, Ana Méndez, Andratx, Aniol, Anna Campins, Berta Hernández, Dimitri, Elena, Eva, Federica, Ignasi, Jessica, Jonathan, Jordi Cuenca, Judith, Laura, Marc Cámara, Marc Gilabert, María José, Marina, Marta Dardichon, Marta

157

Torné, Marta Vidal, Mireia, Oriol, Rubén, Sara, Stephanie, Xavi Burguillos, Xavi Pla y Zorion.

A amigos con los que he compartido experiencias y aprendido tanto: Arnaud, Carme, Christopher, Connor, Jaume, Josep, Raúl, Susana y Xavi. A Verne Harnish por compartir todo su *knowhow* y ayudarme a descubrir qué hacen las mejores empresas del mundo. A muchos amigos emprendedores, como Jordi Albalate, Juan Carlos Ángeles, Luis Ignacio Cortés, Antonio González-Barros, Lluís Guerra, Joan Mora, Sebastian Ross, Frank Trittel, André Vanyi-Robin, David Boronat, Johan Allund, André Ribeiro, Francesc Ribes y Erik Brieva. A socios y amigos que compartimos la pasión por emprender y apoyar a emprendedores para que hagan crecer sus proyectos: Vicente Arias, Albert Armengol, Iñaki Arrola, Sergio Balcells, Antonio Bernal, Carlos Blanco, Jorge Blasco, François Derbaix, Iñaki Ecenarro, Jesús Encinar, Marta Esteve, Lluís Faus, Marek Fodor, Óscar Fuente, Daniel Giménez, Jaume Gomà, Dídac Lee, Juan Margenat, Sacha Michaud, Jesús Monleón, Mauricio Prieto, Francesc Riverola, Pablo Szefner y Josep María Tribó.

A fundadores de *startups* con los que he podido colaborar y debatir sobre felicidad y empresa: Ángel Corcuera, Joaquim Esteve, Nacho González-Barros, Bart Huisken, Luciano Langenauer, Lucía Layunta, Santos García, Gloria Molins, Víctor Pellerin, David Pérez, Oscar Pierre, Xavier Pladellorens, Karen Prats y Liher del Río.

Agradecimientos también a los amigos con los que he compartido muy buenos momentos y me han enseñado qué hacen las mejores personas: Anna Arreciado, Anna Bolaño, Eva Durán, Silvia Calafell, Albert y Silvia, Pitus, Paco y Azu,

Xisco y María, Lluís Llurba y Estefanía. A Francesc Miralles por inspirarme y ayudarme. A Carlos Nogales y Laura Romero por compartir lo que hacen las familias felices.

A Carmen Mur, Nuria Blasi y Miquel Cabré por ser grandes mentores y a Óscar Arias, José Ramos-Horta, Gbowee Leymah, Ferran Adrià, Jorge Garbajosa y Luis Huete por tener la generosidad de compartir su tiempo y recomendar *La empresa más feliz del mundo*.

A José Tovoli, Nicolás Ramilo y a todo el equipo de Great Place To Work. A Sonia de Mier, Álvaro Martínez, Lorena Martínez y Gema Risco por compartir su opinión del libro y entusiasmo para que cada día las empresas sean un poco más felices.

A todo el equipo de Empresa Activa y Urano por todo el trabajo que hay detrás de un libro, y que muchas veces no se ve, y en particular a Sergio Bulat por confiar en mí y creer en las empresas felices.

Todavía recuerdo cuando envié mi primer email. No sabía cómo terminarlo y, como no quería que fuera algo muy formal, escribí «Gracias». Desde entonces, termino todos mis emails dando las gracias, así que quiero terminar este libro con este mismo mensaje:

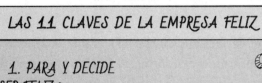

LAS 11 CLAVES DE LA EMPRESA FELIZ

1. PARA Y DECIDE SER FELIZ

2. CUIDA TU ENERGÍA

3. SIMPLIFICA

4. HAZ LO QUE SE TE DA MEJOR

5. APRENDE CADA DÍA

6. AMA EL POR QUÉ DE TU EMPRESA

7. APRENDE A DECIR NO

8. CONFÍA

9. MEJORA LA SOCIEDAD

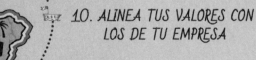

10. ALINEA TUS VALORES CON LOS DE TU EMPRESA

11. LA EMPRESA FELIZ ESTÁ EN TI

LAS **11** CLAVES DE LA EMPRESA FELIZ

1. PARA Y DECIDE SER FELIZ

2. CUIDA TU ENERGÍA

3. SIMPLIFICA

4. HAZ LO QUE SE TE DA MEJOR

5. APRENDE CADA DÍA

6. AMA EL POR QUÉ DE TU EMPRESA

7. APRENDE A DECIR NO

8. CONFÍA

9. MEJORA LA SOCIEDAD

10. ALINEA TUS VALORES CON LOS DE TU EMPRESA

11. LA EMPRESA FELIZ ESTÁ EN TI

Corta y regala este mapa a quien creas
que esta historia le puede servir

David Tomás

La empresa
más feliz del mundo

 Empresa Activa